中外教育名著导读书系

皮亚杰、布鲁纳教育名著导读

王凌皓　主编

石　艳　编著

吉林文史出版社

图书在版编目（CIP）数据

皮亚杰、布鲁纳教育名著导读／王凌皓主编；石艳
编著．—— 长春：吉林文史出版社，2015.12（2021.6 重印）
ISBN 978-7-5472-2275-1

Ⅰ.①皮… Ⅱ.①王… ②石… Ⅲ.①皮亚杰，J.（
1896～1980）-教育思想-研究②布鲁纳，J.S.（1915～
）-教育思想-研究 Ⅳ.①G40-0952.2②G40-097.12

中国版本图书馆CIP数据核字(2015)第309577

皮亚杰、布鲁纳教育名著导读

PIYAJIE BULUNAJIAOYUMINGZHUDAODU

主编／王凌皓

编著／石艳

责任编辑／高冰若

封面设计／李岩冰　李宝印

印装／三河市燕春印务有限公司

开本／720mm×1000mm　1/16

字数／180千字

印张／12

版次／2015年12月第1版　2021年6月第6次印刷

出版发行／吉林文史出版社（长春市福祉大路5788号）

书号／ISBN 978-7-5472-2275-1

定价／39.80元

目 录

上篇　认知心理学家——皮亚杰

第一章　皮亚杰的生平

　　发生认识论的创立者让·皮亚杰（Jean Piaget 1896—1980）的认知发展理论，被公认为20世纪发展心理学最权威的理论之一，其理论在全世界范围内均产生了广泛的影响。1896年，他出生于瑞士的诺沙特（Neachatel），一生居住在瑞士。在青年时代，皮亚杰先在德国，后在法国学习和工作了一个短时期，其余时间，除了外出做报告、访问，接受荣誉学位，他一直居住在日内瓦。在那里，他接待全世界的学者，其中有卓越的心理学家，指导他们参加学习和参观。他还以学识渊博、兴趣广泛的见解，来接待各式各样的来访者。他是一个逻辑学家、一个生物学家和一个认识论者，也是一位鼎鼎大名的教育家。长期以来，他担任联合国教科文组织的国际教育局长。

　　皮亚杰最初是一名生物学家兼哲学家，在他11岁那年即1907年，他第一次提出对白化病雀的见解。20岁时就在纳沙特尔自然史杂志上发表了关于鸟的白化病的科学小品文。后来他对软体动物入了迷，初中毕业后便给纳沙特尔自然史杂志的董事长、一位软体动物专家当助手，并兼任纳沙特尔大学自然历史博物馆里一名软体动物管理员。刚满15岁那年，他发表了《论池塘蜗牛的变异》论文以及介绍池塘蜗牛适应性变化的文章。1915年，19岁的皮亚杰获纳沙特尔大学生物学学士学位。随后，他继续攻读生物学博士学位，并同时攻读哲学博士学位。1918年，由于他发表了《论软体动物》一文而获得了生物学和哲学双博士。此时这个多领域的天才级人物才不过22岁。皮亚杰之后一直在从事生物学方面的研究，以致于这些研究贯穿于他整个中年时期。

　　这段期间内，皮亚杰思想上的主要发展，在于哲学观念的逐渐形成。因为从小他的教父向他推荐了博格森的"创造性进化"和一系列的哲学书籍，加上他在大学中聆听了雷蒙德的演讲，以及因为正值第一次世界大战期间，皮亚杰的内心于是经历了前所未有的激烈冲突与变化。而皮亚杰所写的自传体小说"《求索》"（Recherche），是他年少时的哲学随笔，小说中详述一位青年在追求科学与道德真知的过程里，所遭遇到的迷惘与危机。其实这本小说，就是根据皮亚杰本人实际的哲学观点所写，文中记载了他自己的危机和解决过程，并且展示了皮亚杰一些基本观念的萌芽（如同化、平衡化）。

　　在攻读博士学位期间，皮亚杰通过对生物学和哲学认识论的研究发现，在从生命机体与环境的相互作用到思维主体与客体的相互作用的发展过程之间，有一段空白。而可以填补这一空白的，正是对儿童思维的发生与发展的研究。这使皮亚杰的兴趣开始转向了心理学。但是前期的生物学的学习和研究在他的心理学理论里面也很容易找到影子。皮亚杰在获得博士学位之后来到苏黎士，在烈勃期和雷舒纳的心理实验室工作，并在布鲁勒的精神病诊疗所学习精神分析学说。他在进行心理学和精神病学实验的同时，还阅读了著名的精神分析学派的代表人物弗洛伊德的著作，并听荣格（Jung）的讲课。他对心理病理学和弗洛伊德的精神分析理论颇感兴趣，并在实验中掌握了研究神经病的临床谈话的技巧。虽然皮亚杰也知道精神分析并不是严谨精确的科学，却从那里学到了一些重要的概念，后来发展为观察儿童的方法，这就奠定了皮亚杰有名的"临床法"（methode Clinique）的基础。他采用这个方法，发掘儿童思维的机制，以及在合理回答问题时能够清除错误的原因。与此同时，他不仅在他的认知实验方面取得了卓有成效的进展，而且更仔细地研究了知觉，并将其引导到实验心理学中去。

　　1919年，皮亚杰到巴黎求学，这段期间促使皮亚杰真正地进入了心理学的领域；他在巴黎大学研修心理病理学及科学哲学，并且在1921年担任西蒙的助手，在比奈实验室工作，并负责将英国心理学家伯特的"推理测验"标准化。因为比奈实验室位于一所小学之内，皮亚杰在这段期间，每天下午都亲自与7至12岁的儿童们谈话。在交谈过程中，皮亚杰十分尊重儿童，因为他是真的想要了解儿童本来的面目，皮亚杰认为：研究儿童的逻辑，是了解人类心智发展的基础。在巴黎期间，皮亚杰将他的这些观念写成了论文，寄给鲁索学院院长，因此皮亚杰被聘为鲁索学院的研究部主任，于1921年回国就任。鲁索学院是一个研究儿童、训练教师的中心，是世界上最杰出的法语教育研究组织，皮亚杰年仅25岁即担任研究部主任，在心理学界是一件非同小可的事；之后皮亚杰在自传中写道：当时他仅打算以五年左右的时间来研究儿童的思维，谁知道一头钻进去后，研究的工作便持续了约半个世纪之久！

在鲁索学院任职期间，皮亚杰和妻子瓦朗蒂纳·夏特内结婚，共育有二女一子。皮亚杰夫妇俩婚后也一直是工作上的好伙伴，他们对自己的孩子们在发展学习上的行为，进行仔细的观察与详细的记录。之后皮亚杰便将研究结果发表于世，出版了《儿童智力的起源》《儿童对现实的建构》和《儿童象征性的形成》三本书；皮亚杰的三个孩子：杰奎琳、露西安娜、罗伦，也就因此成为儿童发展心理学文献上不朽的婴儿案例。这几本著作，可以说是皮亚杰进入了草创认识论的阶段，之后他的学术活动与研究工作也就愈来愈深入。

20世纪30年代是皮亚杰忙碌的十年，他将鲁索学院由私立的学校升为日内瓦大学的附属组织。皮亚杰还被聘为联合国教科文组织教育局长，这样的条件，使得皮亚杰之后便于将他自己的儿童心理学理论推及整个欧洲，进行一系列的教育改革。40年代，皮亚杰担任日内瓦大学实验心理学教授及心理实验室主任，并当选为瑞士心理学会主席创办"瑞士心理学"杂志。皮亚杰与他著名的学生英海尔德共同发表了关于儿童的数字、空间、因果、几何、逻辑、时间的著作。此时，皮亚杰对于发生认知论的理论观念更为成熟及稳固，并总结了他个人三十多年来的研究，出版了《发生认知论导论》。

1954年，皮亚杰当选为国际心理学会主席，并创立"国际科学心理学联合会"，担任主席。1955年，皮亚杰在日内瓦创立了"国际发生认知论中心"，学术界常常将他们称之为"日内瓦学派"，其宗旨在于传播及发展发生认知论。此中心联合了多种不同的学科，包括心理、哲学、生物、物理、逻辑学等等，集合各领域的专家学者，经由不同的角度，进行交叉性的讨论，一同来探讨思维的发生和发展问题。皮亚杰于1967年所发表的《生物学与认知》，可以说是总结了他一生从事研究工作的心血；皮亚杰并于1972年撰写了《教育的权利》一文，主张教育学的根本任务，是在于让儿童得到全面性的发展，使每个儿童都能有完善的人格。

皮亚杰晚年自职位上退休后，回到瑞士的山上静养；但是皮亚杰并没有因为退休而放弃研究工作，他终其一生都致力于发展"发生认知论"——将哲学基础的认知论建立在科学之上。

"发生认知论"的内容是关于人类知识问题的研究。皮亚杰着重了探讨人的知识是如何形成的以及人类的知识是如何增长的。"发生知识论的特点便是从各种知识最基本形式，开始去发掘它们的根源，是追溯它们从最初水平直到科学思想的发展过程。"除此之外，皮亚杰主要的观念还包括：同化、适应、平衡、图式、结构的机制，他将儿童发展阶段分为：感觉运动期、前运思期、具体运思期、形式运思期。

皮亚杰的著作是人类思想史上一座丰富的宝库，他一生共发表了五十多部著作，撰写的文章更是多不胜数。自1936年起，皮亚杰一共荣获了三十多个全球各地的大学及学术团体所颁发的荣誉博士学位，还负责主持多项重要国际联合的会议、组织与团体，他一生中所得到的大大小小奖项不计其数，于1969年获颁美国心理学会的杰出科学贡献奖，1977年获得了心理学界殊荣——爱德华·李·桑代克奖。而皮亚杰一生的贡献并不止于心理学，他的理论对于现今的哲学、教育学、人工智能的发展……都产生了难以估量的深远影响。皮亚杰，这位20世纪的伟人，于1980年9月16日在日内瓦与世长辞，享年84岁。

皮亚杰对儿童认知发展的研究，始于20世纪的30年代，但他的研究成就被世界（尤其是美国）重视和肯定，却是在多年后的60年代。形成这种现象的原因，除了皮亚杰的著作全系法文撰写不如英文易于传播之外，主要还是他采用的方法并不被当时的很多心理学家所认同。皮亚杰没有采用当时心理学界主要流行的行为主义心理学家们所强调的等组实验以及根据多数人资料统计结果推论解释的方法，而只对个别的儿童（主要是他自己的三个孩子），在自然的情境中细密、连续地观察记录他们对事物处理时所表现的智能性反应，从而分析儿童们的智能表现与其年龄的关系。皮亚杰对儿童心智活动的解释，与当时心理学家有差异，他认为儿童的思维或心智活动异于成人，儿童随年龄增长而产生智力发展，并非表现于他的知识在量上有所增加，而是在思维方式上产生了质的改变。换言之，儿童不是具体而微的成人，不同年龄的儿童，采用不同概念看待事物，采用不同的思维方式解决问题。

第二章　皮亚杰对"儿童思考"研究的著作

皮亚杰对儿童思维中逻辑运算和因果推理的结构进行探讨研究,并出版了五本书——《儿童的思维和语言》《儿童的判断和推理》《儿童的物理因果观》《儿童的世界概念》《儿童的道德判断》。

1950年以后,皮亚杰又发表了一系列著作,主要包括:

《智慧心理学》(The Psychology of Intelligence, 1950年)、《儿童的游戏、梦和模仿》(Play, Dreams, and Imitation in Childhood, 1951)、《儿童智慧的本源》(The Origins of Intelligence in the Child, 1952)、《儿童的数的概念》(The Child's conception of Number, 1952)、《儿童的符号的形成》(La Formation du Sumbole chez I' Enfant, 1954)、《儿童的实在结构》(The Construction of Reality in the child, 1954)、《儿童的空间概念》(The Child's Conception of Space, 1956)、《逻辑学与心理学》(Logic and Psychology, 1957)、《儿童期至青年期逻辑思维的成长》(The Growth of Logical Thinking from Childhood to Adolescence, 1958)、《儿童的几何概念》(The Child's Conception of Geometry, 1960)、《维果斯基述评》(Comments on Vygotsdy's Critical Remarks, 1962)、《儿童早期逻辑的成长:分类和序列》(The Early Growth of Logic in the Child: Classification and Seriation, 1964)、《语言和思维》(Language et Pensee, 1965)、《心理学研究论文六篇》(Six Psychological Studies, 1967)、《知觉的机制》(The Mechanism of Perception, 1969)、《儿

童心理学》(The Psychology of the Child, 1969)、《儿童的时间概念》(The Child's Conception of Time, 1969)、《结构主义》(Structuralism, 1970)、《教育科学和儿童心理学》(Science of Education and the Psychology of the Child, 1970)、《发生认识论》(L'Epistemologie Genetigue, 1970)、《儿童的运动和加速的概念》(The Child's Conception of Movement and Speed, 1970)、《哲学的机制与错觉》(Insights and Illusions of Philosophy, 1971)、《儿童的心象:想象表象发展研究》(Mental Imagery in the Child: A Study of the Development of Imaginal Representation, 1971)、《生物学与知识:论机体调节和认知过程的关系》(Biology and Knowledge: An Essay on the Relations between Organic Regulations and Cognitive Processes, 1971)、《发生认识论原理》(The Principles of Genetic Epistemology, Towards A Theory of Knowledge, 1972)、《心理学与认识论》(Psychology and Epistemology, Towards A Theory of Knowledge, 1972)、《记忆与智慧》(Memory and Intelligence, 1973)、《儿童与现实》(The Child and Reality, 1973)、《能理解就能发现教育的将来》(To Understand is to Invent the Future of Education, 1973)、《关于儿童数量、守恒和原子论的结构》(The Child's Construction of Quantitites, Conservation and Atomism, 1974)、《儿童的机遇观念的来源》(The Origin of the Idea of Chance in Children, 1975)、《意识的领会》(The Grasp of Consciousness, 1976)、《皮亚杰和他的学派》(Piaget and His School, 1976)、《成功与理解》(Success and Understanding, 1978)。

第三章 《发生认识论原理》

让·皮亚杰是瑞士心理学家和哲学家,对生物学、哲学、心理学和逻辑学都有精湛的研究。他自1921年开始,就从事儿童心理学的研究,目的在于由此探讨认识论问题。1955年后,皮亚杰任日内瓦"发生认识论国际研究中心"主任。以他为代表的日内瓦学派数十年来积累了大量有关儿童心理学的实验研究资料,先后出版了不少专著和论文,皮亚杰是迄今为止儿童心理发展史上最具有影响力的理论家,他的理论著作对西方现代儿童心理学有相当广泛的影响;重复验证和著文介绍、讨论他的工作的心理学工作者颇多,看法却不尽相同。

《发生认识论原理》一书是皮亚杰在1970年出版的一本理论性著作,皮亚杰总结了他几十年来的研究成果,集中、系统地论述了发生认识论的基本原理。他在该书的引言中声明说,发生认识论的目的是通过对儿童心理的分析研究各种认识的起源,从最低形式的认识开始,并追踪这种认识向以后各个阶段的发展情况,一直到科学思维并包含科学思维。为避免研究步入歧途,皮亚杰强调指出,发生认识论并不准备去追溯认识的所谓"绝对的开端",它探讨的"中心问题"是"新认识的建构"问题,亦即认识结构的形成和发展的问题。

全书共分三章,第一章皮亚杰根据对心理的发生发展的分析,讨论认识的发展和形成;第二章分析了认识主体和环境的相互关系,揭示了认识发生的生物前提;第三章批判地考察了古典认识论,强调认识是一种不断的建构。作为哲学认识论方面出现的新思潮、新见解,《发生认识论原理》包含着很多有价值的思想。下面就对此书的重点章节和段落进行摘录并对其中蕴含的基本思想和基本特征做出解释和分析。

一、认识的形成（认识的心理发生）

皮亚杰指出，只有紧紧地抓住发生和发展的心理机制，才能科学地回答认识的起源问题。在认识的心理发生这一节，皮亚杰将儿童认知发展划分为四个阶段（感知运动阶段、前运演阶段、具体运演阶段、形式运演阶段）来讲述。皮亚杰通过对四个阶段的研究分析得出了认识既不起因于主体的所谓先验的结构，也不起因于主体对客体的单纯的反应，而是"起因于主客体之间的相互作用"的结论。皮亚杰正是从对儿童的认识发展开始，提出了发生认识论。

（一）感知运动水平

"在儿童的原始宇宙里是没有永久客体的，这种情况一直要持续到儿童对作为非我的别人开始发生兴趣之时为止，而最早被认为是永久客体的就是作为非我的别人。…… 很清楚，一个既无主体也无客体的客观实在的结构，提供了在以后将分化为主体和客体的东西之间的唯一一个可能的连结点——活动；但是，我们在这里所设想的活动是一种特定的活动，这种活动的认识论意义对我们是有教益的。在建构的过程中，在空间的领域里，以及在不同的知觉范围内，婴儿把每一件事物都与自己的身体关联起来，好像自己的身体就是宇宙的中心一样——但是却是一个不能意识其自身的中心。换句话说，儿童最早的活动既显示出主体和客体之间没有完全分化，也显示出一种根本的自身中心化，可是这种自身中心化又由于同缺乏分化相联系，因而基本上是无意识的。

"为了理解这种缺乏分化和最初活动的自身中心化，我们有必要考虑这个事实，即：各种活动尚未整个地彼此协调起来；每一个活动各自组成一个把身体本身直接与客体联系起来的小小孤立整体，例如，吮吸、注视、把握等活动就是如此。从这里就产生了主客体之间的缺乏分化，因为主体只是在以后的阶段才通过自由地调节自己的活动来肯定其自身的存在，而客体则只是顺应或违抗主体在一个连贯的系统中的活动或位置的协调作用时才被建构成的。另一方面，只要每一个活动还是一个小小的孤立整体，那么它们之间唯一共同的和不变的参照就只能是身体自身，于是就产生了一种朝向身体本身的自动的中心化，虽然这种中心化既不是随意的，也不是有意识的。

"为了核实在活动缺乏协调、主客体缺乏分化同身体中心化之间的这种联系，我们只需要看看最初阶段跟出现符号功能和表象性的智力阶段（18—24个月）之间发生的事情：在这个从一岁到两岁的时期，发生了一种哥白尼式的革命，当然还只是发生在实物性动作的水平上。所谓哥白尼式的革命，就是说，活动不再以主体的身体为中心了，主体的身体开始被看作是处于一个空间中的诸多客体中的一个；由于主体开始意识到自身是活动的来源，从而也是认识的来源，于是主体的活动也得到协调而彼此关联起来。因为，任何两种活动取得协调的前提是主动性，这种主动性超越于外界客体与主体自身之间的那种直接的、行动上的相互作用之上。但是，使活动取得协调就是使客体发生位移，只要这些位移被协调起来，这样逐步的加工制作成的'位移群'就使得把客体安排在具有确定的先后次序的位置上成为可能了。于是客体获得了一定的时空永久性，这又引起了因果关系本身的空间化和客观化。主客体的这种分化使得主客体逐步地实体化，明确地说明了视界的整个逆转，这种逆转使主体把自己的身体看作是处于一种时空关系和因果关系的宇宙之中的所有客体中的一个，他在什么程度上学会了怎样有效地作用于这个宇宙，他也就在什么程度上成为这个宇宙的一个不可分割的组成部分。

"尽管还限于实物动作水平，这种协调本身却提出了一个认识论的问题；在这方面提出的相互同化是下述那些新特征的第一个例子，这些特征不是预先决定了的，却又成了'必然'要出现的，它们标志着认识的发展。因此，从一开始就必须强调指出这一点。

"无论这些最早出现的活动是多么的简单，我们还是能够看到其中一个将随时间的推移而越来越变得明显的过程在起作用，这个过程就是把从客体本身得出的或者——这是最重要的——从应用于客体的活动格局得出的抽象结合起来以建构新的联结。

"因此从感知运动水平往后发展，主客体的与日俱增的分化包含有两个方面，即协调的形成和在协调之间分出的两个类别：一方面是把主体的活动彼此联系在一起的协调，另一方面是与客体之间的相互作用有关的协调。第一类协调在于：把主体的某些活动或这些活动的格局联合起来或分解开来；对它们进行归类、排列顺序，使它们发生相互关系，如此等等。……第二类协调则从运动学或动力学的角度把客体在时空上组织起来，其方式跟使活动具有结构的方式相似。……但这些活动仍具有实物性质，因为它们是由活动组成的，在它们能内化为运演形式以前还要经过一个漫长的发展过程。"[1]

感知运动阶段（从出生到两岁左右，即婴儿期）是儿童认识的萌芽阶段，在这个阶段知觉起着重要的作用，但正如前面引文中指出过的，活动起着更为重要的作用。婴儿刚出生时，是处于感知运动阶段，此时，主体活动尚未协调，儿童处于主客体混沌不分的"自我中心状态"，这时儿童的认识图式是以儿童自己的动作为中心的认识图式。随着这些动作的扩大化和丰富化，随着知觉机能的发展，婴儿的自我中心状态遭到了破坏，主体的身体开始被看作处于一个空间中的诸多客体中的一个，皮亚杰称此为"哥白尼式的革命"。在这场革命

---

[1]　皮亚杰.发生认识论原理[M].北京:商务印书馆,2011.23—28.

中,婴儿开始在知觉的帮助下,一方面通过归类、排列等活动,把主体的各个分散的图式逐步统一和协调起来;另一方面,则通过客体发生位移,如推动一只苹果等活动,把主体和客体的关系逐步协调起来。第一类的协调在以后的发展阶段上渐渐内化并发展成逻辑数理结构;第二类的协调则在以后的阶段中渐渐抽象化并发展成因果观念、时空概念等等。

总结起来,感知运动时期,儿童认知发展的特点主要包括以下三个方面:

1.由本能性的反射动作到目的性的活动

在这个时期,婴儿吸收外界知识主要是靠视觉、听觉、触觉等感觉与手的动作。此等感觉与动作,最初只是简单地反射,而后逐渐从学习中变得复杂,由身体的动作发展到心理的活动。到6个月以后,婴儿能够起坐和爬行,并随之出现目的性的动作,即有目的地运用身体的动作(如口尝、手抓)去达到目的。例如:在尚不能移动身体的婴儿身旁,铺放一条毛巾,毛巾上放置一个玩具,他会伸手去抓取玩具。如因距离较远抓不到,几次尝试以后,他就会放弃。但对较大的婴儿来说,他就会用手拉动毛巾,从而取到玩具,这显示婴儿开始运用思维方式去解决问题。

2.逐渐形成客体永久性(不是守恒)的意识

婴儿在感知运动阶段获得的最显著的进步之一就是客体永久性的发展,即当物体不在眼前或通过感官不能觉察时,仍然知道物体是继续存在的。这与婴儿语言及记忆的发展有关,物体永久性具体表现在:当一个物体(如爸爸妈妈、玩具)在他面前时,婴儿知道这个人或物,而当这个物体不在眼前时,他能认识到此物尽管当前摸不着、看不见也听不到,但仍然是存在的。爸爸妈妈离开了,但婴儿相信他们还会出现,被大人藏起的玩具还在什么地方,翻开毡子,打开抽屉,还应可找到。这标志着稳定性客体的认知格式已经形成。

3.出现了因果性认识的萌芽

这与物体永久性意识的建立及空间—时间组织的水平密不可分。儿童最初的因果性认识产生于自己的动作与动作结果的分化，然后扩及客体之间的运动关系。当儿童能运用一系列协调的动作实现某个目的（如毯子取玩具）时，就意味着因果性认识已经产生了。

但也有学者对皮亚杰感知运演发展理论提出了挑战，如新先天论和理论论。新先天论者认为，婴儿生来就有丰富的有关物理世界的知识，这些知识的出现需要的时间和经验要比皮亚杰预期的少。同样，其他研究者也认为，儿童对物体属性的了解不仅要比我们曾经预期的要多，而且出生后不久就是一个能够使用符号的个体，这种观点与皮亚杰的观点也是截然不同的。"理论"论是一种综合了新先天论和建构主义的认知发展理论，其观点是在不断生成、验证和修改有关物理世界的社会世界的理论过程中，儿童的认知会得到发展。

皮亚杰的感知运动阶段理论是极具影响力的理论之一，它揭示了一些先前未知的现象（如客体永久性），并引领了近一个世纪的研究，然而，近几十年的研究证明，必须有新的理论来解释婴儿已经显示出的更强的认知能力。不过随着新研究的不断进展，我们清楚地意识到，不能彻底摒弃皮亚杰的理论。因为他的许多思想，尤其是建构主义理论仍然具有很强的生命力，并且已被吸收到当代婴儿发展理论中。

（二）前运演思维阶段

前运演思维阶段的第一水平："随着语言、象征性游戏、意象等等的出现，情况就显著地改变了：在某些情况下，在那些保证着主客体之间存在着直接的相互依存关系的简单活动之上，增添了一种内化了的并且更为精确的概念化了的新型活动；例如，主体能在思维中显示出另外一些位移来。

"如果以为，以表象或思维的形式把活动内化，只是追溯这些活动的进程或利用符号或记号（意象或语言）来想想这些活动就行，而不必改变或丰富活动本身，那就太简单化了。实际上活动的内化就是概念化，也就是把活动的格局转变为名副其实的概念，哪怕是非常低级的概念也好（事实上我们只能称这种概念为'前概念'）。那么，既然活动格局不是思维的对象而是活动的内在结构，而概念则是在表象和语言中使用的，由此可以得出结论说，活动的内化以其在高级水平上的中介结构成为先决条件，随之而来的是一系列不能归结为低级水平的中介结构的新特性的产生。

"随着表象思维向前进展的程度，思维与其客体之间的时空两方面的距离都相应地增加；换句话说，一系列各自发生在特定瞬间的实物活动可以用一些表象系统完满地表征出来，这些表象系统能以一个差不多是同时性的整体形式把现在、过去和将来的活动或事件，把空间距离远的和近的活动或事件都在头脑中显现出来。

"结果，在这个前运演的表象性认识时期，一开始就有相当大的进展，进展沿着两个方向前进：（a）主体内部协调的方向，从而也就是产生未来的运演结构或逻辑数理结构方向。（b）客体之间的外部协调方向，因此也就是形成广义的因果关系方向，这种关系包含了空间结构和运动结构的形成在内。首先，主体很快就变得能完成初步推理、把空间的图形分类、建立对应关系等等。其次，儿童在早期就提出了'为什么'的问题，这标志着因果性解释的开始。……概念工具的加工制作过程中出现的这个基本转折点，不能只归因于语言，而应一般地归因于符号功能，产生这种功能的根源则是在发展中的模仿行为——这是最接近于表象作用的感知运动形式的行为，但却以动作的形式表现出来。换言之，从感知运动性行为过渡到概念化的活动不仅仅是由于社会生活，也是由于前语言智力的全面发展，同时也是由于模仿活动内化为表象作用的形式。没有这些部分地来自内部的先决条件，语言的获得、社会性的交往与相互作用，就都是不可能的了：因为不具备这个必要的条件。

"我们对于前运演思维阶段第一个水平（从两岁左右到四岁）的研究说明：一方面，在主客体之间唯一存在的中介物仍然仅仅是一些前概念和前关系（在前概念中没有用'所有'和'某些'做量的规定，在前关系中则不存在概念的相对性）；另一方面则相反，赋予客体的唯一的因果关系仍然是心理形态的，完全没有从主体的活动中分化出来。

"简言之，这些前概念和前关系仍然停留在活动格局和概念之间的中途，因为它们还不能以足够的客观性来对待眼前的情境，与活动相对的表象的情况就是这样。跟活动的紧密的联系，跟活动暗含的主客体之间部分的尚未分化的联结的联系，这也见于基本上还是心理形态的这个水平上的因果关系之中：儿童认为客体是活的东西，赋有从模拟推、拉、吸引等活动而来的任意的力量，可以在远距离上起作用，也可以直接接触，客体的活动可以完全不管作用力的方向，或者沿着唯一的方向，即作用者活动的方向运动，不以受力的客体的受力点为转移。"

前运演阶段的第二水平："第二个子阶段（从五岁到六岁）的标志是开始解除自身中心化，以及通过我们称之为'组成性功能'的东西来发现某些客观关系。……在感知运动水平上，最初的自身中心化是和身体本身相联系的（自然、主体并未察觉达到这一点），而随着从两岁到四岁这个水平上出现的概念化，就产生了客体及其力量向活动本身的主观特性的简单的同化（自然，对此主体也没有觉察到）。这样，一个最初的类似的自身中心化就在这个前概念和前关系的更高平面上再度出现。

"我们将说组成性功能，而不说受制约的功能；因为受制约的功能将在具体运演水平上出现，它意味着做出有效的量的规定，而组成性功能则仍然是质的或顺序的划分。不过这些仍然表现出功能的基本特点，就是说，它可以毫无歧义地获得'直接'应用('直接'在这里的意思是'立即等待着应用')。可是，尽管这个结构是重要的——因为，它的新是由协调本身产生的，而不是预先包含在前一水平的前概念和前关系中，这种结构仍然具有本质上的局限性，使它成为活动和运演之间的过渡项，还不是直接控制运演的方法。

"组成性功能本身并不就是可逆的，而是定向的；因为它缺乏可逆性，它不能引起必要的守恒。……组成性功能的单向性和缺乏内在的可逆性具有很有意思的认识论意义：它们展现出组成性功能跟活动格局的继续联系。活动本身（即还未上升到运演水平）总是指向一个目标的，从这里产生了次序概念在这个水平上的极为显著的作用：例如，如果一条通路'远些'，它就是'长些'（不管起点在哪里）。总之，组成性功能就它是有指向的这一点来讲，代表着一种不完全的逻辑结构，这种结构最适于说明结构及其格局所显示出的依存关系，只是还没有得到运演所特有的那种可逆性和守恒。

"另一方面，组成性功能，在多大程度上不离开作为主客体间中介连结的活动来表现依存关系，它就在多大程度上同活动本身一样，显示出一种双重性；这一点对于逻辑（因为它是从动作间的一般协调产生的）和因果关系（就它表现出物质的依存关系来说）两者都是有关系的。因此我们将提出前逻辑的和紧靠在具体运演水平之前的五岁到六岁这个水平所特有的因果关系的主要特点用以结束这一节。

"从逻辑开始，我们看到概念化活动之间的协调产生了一个重要的进步：儿童此时能稳定地区分个体和类。儿童此时所做出的分类的性质对这一点提供了明确的证据。……在五岁到六岁的水平，协调性同化的进展就使得儿童能把个体从类中分离出来；集合体不再是形象的集合体了，而是由没有空间完形的小群的元素组成。

"由于缺乏可逆性，甚至缺乏非常基本的从量上进行规定的方法，儿童迄今还没有集合体的守恒或物质的量等等的守恒。在几个国家进行的很多研究重复了我们在这方面的实验,并且肯定了在前运演水平有不守恒这种特点存在。另一方面,有关元素的质的同一性则没有引起什么问题:例如,当液体从一个容器倾入另一个容器时,被试知道它还是'同一些水';虽然他会认为随着水平面的改变,水的量是有所增减了,从而只是依照水面的高低来估计水的多少。

"在这个水平上儿童还没有掌握组成推理的基本形式,例如,像下述公式所表达的那种传递性:如果$A(R)B$,而且$B(R)C$,则$A(R)C$。"[1]

在《发生认识论原理》一书中皮亚杰把前运演时期分为两个子阶段论述:前运演思维阶段的第一个水平(两岁左右到四岁)和前运演思维阶段的第二个水平(五岁到六岁),在发生认识论中,运演是一个十分重要的概念,作为动作图式的内化,它指的是逻辑思维活动。它具有以下三个特征:可逆性、守恒性、整体性。皮亚杰之所以把这个阶段称之为前运演阶段,因为它是儿童的认识由感知运动形式发展为以后的真正的逻辑思维形式的过渡阶段。

前运演时期正值儿童入学之前与入学之初,故这段时期在教育上特别重要。因而无论是皮亚杰本人或其后的学者,对此一时期儿童认知发展所从事之研究为数最多。前运演阶段儿童思维方式主要特征有:(1)符号功能的出现。这是前运演时期儿童思维发展的最主要特征,皮亚杰指出,"符号性功能同感知—运动的动作和知觉大不相同,两者对比符号性功能使思维成为可能,因为它给思维提供了无限广阔的应用领域,而知觉—运动的动作和知觉活动则局限于极狭窄的范围。"符号功能即用某一事物代表或表征其他事物的能力,如词汇或物体。例如,由于2~3岁的儿童能够用词汇和表象表征经验,所以他们完全能够重建过去的经验,并对不在眼前的事物进行思考甚至比较。语言或许是

---

[1] 皮亚杰.发生认识论原理[M].北京:商务印书馆,2011.28—40.

年幼儿童表现符号化的最明显形式。语言运用是不是能促进认知的发展，皮亚杰的回答是否定的。他认为认知的发展会促进语言的发展，而反过来不成立。

（2）象征性游戏的大量涌现。前运演阶段早期的第二个重要特征就是象征性游戏（假装游戏）的大量涌现。幼儿经常假扮成另外的人物（如妈妈、超人），在扮演的同时，还配有鞋盒或棍子之类的道具，他们把道具想象成其他物体，把鞋盒当成摇篮，棍子则当成枪。尽管父母对学前儿童沉浸在假想的世界中，还创造出各种想象的伙伴感到担心，但皮亚杰认为，这些基本都是健康的活动。通过这些象征性的游戏，年幼儿童对人、物体和活动的认知得到了发展，而且还迅速构建了有关这个世界的复杂表征，这种假装游戏对促进儿童社会性、情绪、智力的发展都有重要意义。

尽管皮亚杰把符号的使用作为儿童思维的一个新优势，但是他对前运演阶段智力的描述主要还是集中在对儿童思维的局限或者缺陷上，在皮亚杰看来，此阶段的儿童还没有获得能够进行逻辑思维的运演图式，他举例说，年幼儿童经常表现出泛灵论，即将无生命物体赋予生命甚至生命特质（如以为它们有动机或意图）。例如，4岁儿童认为，风吹来是给他降温的。这清楚地表明，学前早期的儿童很可能表现出泛灵论逻辑。按皮亚杰的解释和许多心理学家的研究验证，此时期儿童思维之所以不合逻辑，主要是由于以下三种心理上的限制所致。

1.自我中心主义

按照皮亚杰的观点，前运演阶段儿童最大的缺陷是自我中心。尽管学前期的儿童自我中心有所降低，并且能越来越熟练地根据尺度、形状和颜色等知觉属性对事物分类，但他们的思维仍表现出较大的局限性。皮亚杰用自我中心主义一词来表达前运演期儿童的思维特征，其含义并不带有"自私主义'的意思。只用以说明此一时期的儿童在面对问题情境予以解释时，只会从自己的观点着眼，不会考虑别人的不同看法。换言之，前运演期儿童只能主观看世界，不能客观地予以分析。此一时期儿童在思维上之所以带有自我中心倾向，自然与前述之知觉集中倾向的特征具有密切的关系。图一的情境，是皮亚杰用来观察前运演期儿童自我中心主义心理倾向的实验设计之一（Piaget & Inhelder, 1976）。该实验的设计是，在桌子上放置三座山的模型，在高低、大小、位置上，三座山之间有明显的差异。实验时，先让一个三岁的幼儿坐在一边，然后将一个布偶娃娃放置在对面。此时实验者要幼童回答两个问题。第一个问题是："你看到的三座山是什么样子？"第二个问题是："娃娃看见的三座山是什么样子？"结果发现，该幼儿采同样的方式回答两个问题；只会从自身所处的角度看三座山的关系（如两座小山在大山的背后），不会设身处地从对面娃娃的立场来看问题。皮亚杰采用七岁以下各年龄阶段儿童为对象进行实验，结果发现七岁以下儿童的思维方式，都脱不掉自我中心的倾向。皮亚杰所设计的此项研究，称为三山实验。

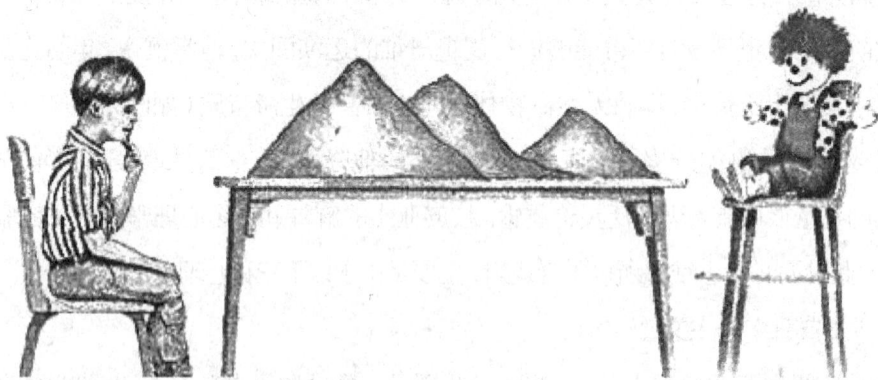

图一　皮亚杰三山实验

2.知觉集中倾向

所谓知觉集中倾向，指前运演期的儿童在面对问题情境时只凭直觉所及，集中注意于事物的单一向度或层面。顾此失彼的结果，难免导致对问题的错误解释。对儿童知觉集中倾向的实验研究，心理学家重复实验验证最多的是守恒问题的研究。守恒是一种概念,此种概念所代表的意义是,某物体某方面的特征(如重量或体积),将不因其另方面特征(如形状)改变而有所改变。例如:将一大桶水倒入几个小桶之后,水的原来重量和体积仍守恒不变。因为前运演期的儿童有知觉集中倾向,所以尚不能具有守恒的概念。图二所示情境即皮亚杰用来观察儿童是否具有守恒概念的实验。先向儿童呈现装有等量液体的相同玻璃杯,并经儿童确认两杯中液体完全相等。然后当着儿童的面将其中一杯液体倒入一只较高的杯子中。此时前运演期的儿童都相信较高的杯中盛着较多的液体。原因是他只集中注意于液体在容器中深度的改变,而忽略了容器广度的改变,致使无法形成液体体积守恒不变的概念。皮亚杰变化各种情境从事观察实验。例如:如图三所示,向儿童呈现两排数量相同的纽扣,然后实验者移动其中一排使其变得松散但数量不变,但儿童会相信分散那排的纽扣数量多。

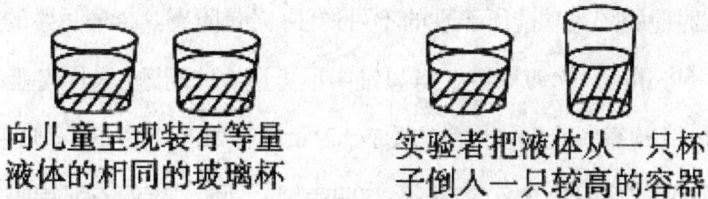

向儿童呈现装有等量
液体的相同的玻璃杯

实验者把液体从一只杯
子倒入一只较高的容器

图二　液体守恒

向儿童呈现两排纽扣

实验者移动一排纽扣

图三　数量守恒

　　根据皮亚杰的解释,前运演期儿童之所以缺乏守恒概念,除了因知觉集中于一方面特征,忽略另一方面特征之外,儿童只集中注意形态的改变,而忽略改变的过程,也是阻碍他形成守恒概念的原因。再就图二的实验情境看,左边两杯内所盛液体深度相等是第一种状态,右边两杯内所盛液体深度不等是另一状态。在这两种状态之间,将一杯液体倒入较高的杯子中是过程。前运演期儿童所注意到的只是前后两种形态的不同,而忽略过程中所显示的事实:高的杯子中所盛液体就是原来杯中的液体。

3.不可逆性

不可逆性与可逆性是相对的两个概念。可逆性是合于逻辑的思维过程。最常用到的是数学运演以及所有属于因果关系的问题。所谓可逆性,是指思维问题时可以从正面去想,也可以从反面去想;可以从原因去看结果,也可以从结果去分析原因。如此,顺向与逆向兼顾的思维历程,即称为可逆性。如以下的例子:

由已知 $9+6=15$ 即可推知 $15-9=6$;由已知男生人数+女生人数=全校学生人数,即可推知女生人数=全校学生人数−男生人数;由已知 $A+B=C$,即可谁知 $C-B=A$ 。前运演期儿童之所以思想不够周延、之所以不能具有守恒概念,在思维时他的图式功能所表现的不可逆性,乃是阻碍其合理思维的原因之一。菲力普(Philips, 1969)曾就儿童思维中不可逆性的问题,采用皮亚杰与儿童对话的方式,观察一个四岁男童的反应,对话内容如下:问:“你有兄弟吗?”答:“有。”问:“他叫什么名字?”答:“叫吉姆。”问:“吉姆有兄弟吗?”答:“没有。”

根据心理学家们的重复研究,儿童思维问题时守恒概念的形成,多在前运演期(2~7岁)之后。由此看来,学前儿童与小学低年级学生的思维方式,多未臻于合理思维的程度。不过,据研究发现,儿童守恒概念发展的水平,随所思维问题的性质不同而有差异。儿童对数字概念的守恒,发展较早,平均在5~6岁;对物体体积改变的守恒概念,平均在7~8岁;对物体重量改变的守恒概念,平均在9~10岁。

当然，当代也有许多研究者对皮亚杰在前运演阶段所提出的理论提出了质疑，一些研究者认为学前儿童并不像皮亚杰所设想的那样缺乏逻辑性或自我中心，他们认为，皮亚杰低估了学前儿童的能力，这与他的实验中所呈现的问题过于复杂，以致无法测出儿童真正具备的能力有关。如，皮亚杰在实验中问儿童他们极为不熟悉的问题（例如，风是怎样形成的）。即使让儿童回答他们熟悉的概念时皮亚杰也往往要求他们进行口头论述，然而这些年幼不善表达的学前儿童经常不能做出合理性的说明（至少没有达到皮亚杰满意的要求）。后来的研究一致表明，皮亚杰实验中的被试者可能对问题有了很好的理解，只是还无法清楚的表达自己的观点（如有生命和无生命间的区别），如果换一种问法，或进行非言语测验，他们会很好地表达相应的知识。皮亚杰认为，与年龄较大的学龄儿童相比，学前儿童更具有直觉性、自我中心性，缺乏逻辑性，在这一点上是明确的，但同时需要确定的是：学前儿童能对简单的问题或他们熟悉的概念进行逻辑推理；学前儿童在皮亚杰的认知实验中表现不佳，还有其他原因，而不是缺少认知能力。

（三）具体运演水平

具体运演阶段的第一水平："七岁到八岁这个年龄一般地标志着概念性工具的发展的一个决定性的转折点；儿童迄今已对之感到满足的那些内化了或概念化了的活动，由于具有可逆性转换的资格而获得了运演的地位，这些转换改变着某些变量，而让其他的变量保持不变。再者，这个基本的创新必须看作是由于协调获得进展的结果，运演的基本特点就是它们形成为可闭合的系统或'结构'。这后一事实保证它们借助于正转换和逆转换而形成组合的必要条件。

"然后，我们就得说明这样一种含有根本质变的创新，就是说，它与前一阶段根本不同,可又一定不能把它看成是一个绝对的开始,而只能看成是经过或多或少连续不断的转换而产生的结果。我们提到过说明这种情况的一个例子,就是从一些先后相继的实物活动向这些活动在思维中的同时性表象的过渡,我们曾认为这标志着符号功能开始出现。在当前关于运演的知识的情况下,我们又遇到一个类似的时间过程:预见和回顾融合成为一个单一的活动——这是运演可逆性的基础。

"序列化在这里提供了一个特别清楚的例子。当要求儿童依顺序排列十来根长短差别很小(即需要两两对比)的棍子时,在前运演阶段第一个水平上的儿童会把棍子分成一对一对的(一根短的和一根长的,等等),或者分成三个一组(一个短的,一根中等的和一个长的,等等),但不能把它们协调成一个单一的序列。第二水平上的被试则可以排成正确的顺序,但是要经过尝试错误和改正错误。另一方面,在我们现在所说的阶段上,被试就常常用一种逐步排除法,先找最短的棍子,然后再从剩下的棍子中找最短的,一直这样做下去。这种情况下预见(指向这两种意义中的一种)和回顾相互联系起来了,这就有助于使系统具有可逆性。这既适用于分类,也同样适用于序列化。

"运演的另外一个极限特征,自然是与同一个特性相联系着的,这就是系统的闭合性。闭合是能够以不同程度完成的,并且只是在完成的那个时刻,闭合才获得这些必然的内部关系。于是这些内部关系就呈现出了两个互相联系着的特性,这两个特性是往后这同一水平上的一切运演结构所共有的,这就是传递性和守恒性。

"守恒为运演结构的形成提供了最好的指标,它跟传递性和结构的闭合性二者都是紧密地联系着的。儿童在这个阶段常常用来说明守恒的三类主要论据,全都表示着一个自我闭合结构所特有的组合性,自我闭合结构是这么一种结构,它的内在转换既不超越这一系统的极限,而内在转换的发生,也不要求有任何外部元素的出现。

　　"这是个相当大的进展，就其逻辑方面来说，它标志着具体运演阶段的开始，向作为先后两个水平之间的分界线的极限（如我们所说过的）的过渡是复杂的，实际上包含了三个相互联系着的方面。第一方面是使高级结构从低级结构中产生出来的反身抽象。第二方面是协调。第三方面是这种协调过程所特有的自我调节。平衡的获得是极限过程的突出特征，同时也是使这些系统具有独特的，有异于以前的新特征的原因，特别是运演可逆性的原因。一切运演的建构的三个方面：有反身抽象，它产生了归类关系和序列关系；有新的协调，它把这两种关系联合成为一个整体；有自我调节或平衡。

　　"现在让我们从这许多作为标志具体运演阶段头一个水平的成就转到与因果关系性有关的成就上去。到了七岁到八岁阶段，在某种意义上说也存在着把运演归因于客体的情况，从而使客体上升到算子的地位，其活动现在能以一种多少是理性的方式组合起来。

　　"最后讲的这一点把我们引到了这个水平所固有的极限去。'具体'运演是直接与客体相关的。现在这些活动（或者说在客体被看成因果性算子时被归因于客体的那些活动）被赋予了一种运演的结构，也就是说，它们可以以一种传递和可逆的方式组合起来。

　　"具体运演结构的另一个基本的局限性在于它们的组成是一步一步进行的，而不是按照任何一种组合原则。这就是'群集'结构的本质特征，这种结构的一个简单例子就是分类。"

　　具体运演阶段的第二个水平："在这个子阶段（将近九到十岁），除第一个水平已经达到其平衡的那些不完全的形式之外，又达到了'具体'运演的一般平衡。这个子阶段的新异之处在逻辑下关系或者说空间关系的领域内表达得特别明显。将近九岁到十岁时，人们才能谈到对客体的集合体（如坐落在不同地方的三座大山或建筑物)的观点的协调。儿童只是在将近九岁到十岁,才能预言在一个向一边倾斜的容器内水的表面是水平的,或者预言靠近一个斜面的一根铅线是垂直的。在所有这些情况下,所牵涉到的是除了只在第一个子阶段存在的形象内的联结之外,还有形象间的关系的建构;或者换一种说法,就是与简单形象相对立的空间的加工建构。

"总的来说,具体运演阶段的第二个水平展现出一个自相矛盾的局面。换句话说,我们已经一个水平一个水平地观察到两种密切相关的发展,即:逻辑数学运演的发展和因果关系的发展,就把形式归因于内容这个方面来说,逻辑数学运演的发展影响着因果关系的发展,就内容服从于形式的难易这个观点来说,则因果关系的发展影响着逻辑数学运演的发展。我们把具体运演阶段的第二个子阶段看作既是它的先行阶段的延伸,又是对此后阶段的创新的预示。

"一方面,经过概括化并得到了平衡,逻辑数学运演,包括空间运演,就达到了最大限度的扩展和利用,但仍然处于具体运演的很有限的形式之下,具有(对于类和关系来说)所有伴随'群集'结构而来的局限性;后面这些局限性是好容易才被算术化和量度几何化的开始出现所超越的。另一方面,探求原因甚至在寻求因果解释方面的发展,表明有一种超过第一子阶段(七岁到八岁)的明显进步,它导致被试提出一堆他还不能以他所掌握的运演方法来解决的运动学问题和动力学问题。于是就发生一系列富有成果的不平衡情况,我们认为正是这些情况才能算是新的东西。它们使已经存在的、现在头一次得到稳定的运演结构臻于完善,在它们的'具体运演'的地基上建构起那些'对运演的运演'或第二级运演,这些运演是由命题运演或形式运演组成的,具有着它们的组合性特点、它们的四变数群、它们的比例关系和分布关系以及因果领域内由这些新特征才使之成为可能的一切东西。"[1]

---

[1] 皮亚杰.发生认识论原理[M].北京:商务印书馆,2011.40—56.

具体运演阶段（七岁左右到十一、十二岁左右）。此阶段皮亚杰也是分为两个子阶段论述：具体运演思维阶段的第一个水平（七岁到九岁、十岁左右）和具体运演思维阶段的第二个水平（九、十岁到十一、二岁）。具体运演阶段是儿童智力发展过程中的飞跃阶段，在这个阶段中，动作经由表象进一步内化为运演，抽象的逻辑思维开始出现并起作用。一系列概念，如守恒、可逆、分类、序列、数量、时空、因果性等逐步形成，随着儿童社会生活的丰富化，儿童的认识结构也日趋复杂，但这时儿童的思维活动还不能脱离具体事物，正如皮亚杰指出的，"具体运演是直接与客体有关的"，它只能一步步地进行。

小学生正处于皮亚杰所说的具体运演阶段。这个时期儿童思维的主要特征是，对于具体的事物或情境能够按照逻辑法则进行推理。具体来说，具有以下几个特点：（1）思维可逆，能够完成守恒任务。具体运演阶段的儿童容易解决一些皮亚杰设计的守恒问题。例如上一节提到的液体守恒实验，儿童进入具体运演阶段时，能够掌握液体的守恒。他们运用三种形式的论断达到守恒。第一，同一性论断。儿童认为既没增加液体，又没拿走液体，因此它们是相等的。第二，互补性论断。儿童认为宽度虽然减少了，但杯子高度的提高做出了补偿。第三，可逆性论断。儿童认为可将高杯中的水倒回原来的杯中，因此是相同的。所谓运演是一种心理动作，儿童在心理进行可逆或补偿的动作，并不需要实际动手操作。皮亚杰认为守恒并不是教育的结果，而是儿童自然而然掌握的，当儿童对事物的不同方面开始注意并在心理上产生冲突时，是将达到守恒的关键期。（2）掌握了类包含的概念。小学儿童掌握了一类物体与其子类的关系。如给学前儿童呈现一束由4朵红花和2朵白花的花束，问儿童红花多还是白花多，儿童一般都能正确回答红花多。但是当问红花多还是花多时，学前儿童就不能正确回答。但是小学儿童，由于具备了类包含的能力，对此类问题大多能正确回答。（3）获得关系推理能力。具体运演思维的一个显著特点是，能很好地理解数量关系和逻辑关系。例如儿童在上体育课时，老师说"从由高到矮的顺序排队"，这个问题对于处在具体运思阶段的儿童来说并不难，因为他们具备了心理序列，即能够按高度和重量等维度排列项目的能力。具体运演阶段的儿童也相应地掌握了传递的概念，它描述了一系列元素的必然关系。例如，A比B高，B比C高，那么A、C谁更高？按逻辑关系A肯定高于C，具体运演阶段的儿童掌握了这种传递关系，而前运演阶段的儿童缺乏这种观念。（4）掌握了群集的概念。小学生已经明白两个子集可以组成一个新的集合，如男生人数+女生人数=学生总数。他们也可以逆推，如男生人数=学生总数-女生人数。

（四）形式运演

"随着在将近十一岁到十二岁时开始形成的形式运演的出现，我们就达到了运演发展过程的第三个重要阶段。在这个阶段，运演从其对时间的依赖性中解脱了出来，也就是说从儿童活动的前后心理关系中解脱了出来——在这种前后关系中运演的蕴含特性或者说逻辑特性也具有因果性的方面。正是在这个阶段运演最后具有了超时间性，这种特性是纯逻辑数学关系所特有的。'形式'运演标志出一个第三阶段。在这里认识超越于现实本身，把现实纳入了可能性和必然性的范围之内；从而就无需具体事物作为中介了。以整数的无穷级数，连续统的幂，或由p、q这两个命题及其反命题的组合而产生的十六种运演等作为例证的这个认识的可能性的王国，与发生在时间上的物理位移相反，在本质上是超时间的。

"形式运演的主要特征是它们有能力处理假设而不只是单纯地处理客体：这是研究这个问题的所有作者都注意到的儿童在十一岁左右出现的那个基本创新。形式运演的一个重要的新特点在于形式运演是以一个组合系统为基础通过加工制造出'所有子集合的集合'，或者说单纯形，而使最初的系统变得丰富起来的。特别是，我们知道命题运演是具有这种结构的，正如一般类的逻辑一旦摆脱了最初'群集'的特定限制就能具有这种结构一样。同时格的建构也能够出现了。因此在迄今已描述的种种新特点之间是存在着重要的统一性的。

"但是，我们需要指出另一种基本结构。我们对心理学事实的分析使我们大约在1948年到1949年就能够把这种结构分析出来，时间比逻辑学者对它感到兴趣时还要早。这就是把命题组合（或一般地说'所有子集合的集合'）之内的反运演和互反性运演联合成为一个单一的'四变群数'（即克莱因群）。

"正是这些特点的全体使我们能够看到逻辑数学运演的出现，这些运演是自主的，同时又是能跟具有因果关系一面的实物活动很好地区别开来的。如果这第一阶段是适用于客体的运演阶段，从而除其他事情之外还保证对初级物理恒常性能进行归纳推理的阶段，那么，第二阶段则将是因果关系解释的阶段，也就是归因于客体的运演阶段。跟对运演进行运演或对关系构成关系相对应的，除了别的东西以外还有重量或力跟空间大小之间的新的二级关系：一般密度以及漂浮物体的重量与体积之间的关系，表面压力，或力矩，尤其是在一定长度或距离上所做的功。跟组合性格局和所有子集的集这个运演结构相对应的，一方面是关于占有面积内部的（直到这个时期以前儿童一直认为这面积主要是面积的周界的函数）和占据体积内部的连续统的空间观念。另一方面，与这些格局相对应，我们看到了方向的向量合成的开始。最后，同INRC群相对应的是对于一群物理结构的理解，在这个结构中有作用力与反作用力的结构。

"在最后这个水平上出现了很多引人注目的东西，然而这种情况同我们所知的从最初未分化阶段开始的认识的心理发生情况是符合一致的。另一方面，由于对运演进行运演的反身抽象的结果，就出现了主体的逻辑数学运演的逐步内化，这最后导致可能转换系统所特有的超时间性的出现，而主体就不再受实际转换的束缚了。处于时空动力变化中的物理世界，它把主体作为一个组成部分而整合进去,这时对于能客观地'直接理解'物理世界的某些规律的人来说,就成为可以达到的了,甚至成为可以进行因果解释(它迫使心理在掌握客体时不断地解除自身中心化)的了。的确,科学早就把数学演绎和经验之间的令人惊奇的符合一致告诉了我们;但是下述的思想是令人瞩目的,这种思想认为:在比进行形式化和运用实验技能的水平低得多的水平上,仍然只能对质的方面进行思维而几乎不能应用数量表示方法的心智,就在它进行抽象的尝试和进行观察的努力,这两者之间达到了与上述相类似的符合一致——不管这些努力可能是怎样地不讲究方法。注意到以下事实是有启发意义的:上述这个符合一致是新东西的建构过程和非预定的建构过程这两个长期互相关联的系列的产物,这两个系列的建构过程开始于一个未能分化的混乱状态,而主体的运演和客体的因果关系就从这个混乱状态中缓慢地解脱出来。"[1]

形式运演阶段(十一、二岁左右到十四、五岁左右)。皮亚杰认为在这一阶段儿童思维的抽象力已大大提高,已能超出事物的具体内容和感知的事实进行假设、判断、推理,这时的思维能力已达到成人的准备阶段。在这个阶段中,儿童的思维已经"无需具体事物作为中介了","它们已有能力处理假设而不只是单纯地处理客体",另外,它能够"借助于一个组合系统(命题运演系统)而使认识可以达到一个范围无限的可能性,而运演就不再像具体运演那样限于一步一步地建构了。"这阶段的儿童已可能有科学创见和理论创新,其抽象思维水平已达到成年人的准备阶段。

根据皮亚杰的理论,形式运演阶段的思维过程可概括为如下几个标志:
(1)具备假设演绎推理能力。皮亚杰认为,形式运演的标志是假设演绎推理,儿童能脱离具体事物,凭借语言材料进行推理。皮亚杰认为,形式运演阶段的儿童不局限思考先前得到的现实,而是能生成假设,"可能是什么"对他们来说

---

[1] 皮亚杰.发生认识论原理[M].北京:商务印书馆,2011.56—62.

要比"真正是什么"更为重要。(2)达到二级运演水平。具体运演水平的儿童，只能做到"命题内运演"，即命题本身的运演，称为"一级运演"，运演是孤立的，未能组合成完整系统。形式运演水平的少年儿童则能应用命题逻辑，做到命题间运演（二级运演），也就是能在运演上进行运演，即在命题与命题之间进行运演，具有对一系列假设鉴别正误，做出正确评价的能力，并对这些命题性质的前题和结论之间完整地建立逻辑联系。(3)把形式完全从内容分离开来。这是从命题与命题间的运演引出的必然结果。形式运演阶段可以在头脑中把形式与内容分开，能不管事物具体内容，而用命题符号（如用p、q、r、s、t等）代表任何具体事物，用运演符号代表命题与命题之间的关系，如p代表"天下雨"这个正命题，$\neg p$代表"天不下雨"这个否命题。又如$p \vee q$成为"逻辑和"，$p \cdot q$称为"逻辑积"等。命题p和q的组合（$p \cdot q$）可能是真的，也可能是假的。比如，p是一个命题，代表一只天鹅；q是另一个命题，代表白色；那么p与q可以形成四种结合：(1)$p \cdot q$ (2)$\neg p \cdot q$ (3)$p \cdot \neg q$ (4)$\neg p \cdot \neg q$，其中(1)$p \cdot q$（天鹅是白色的）是正确的，其他三种都是错误的。以上四种结合成为最基本的结合，只是一个简单相乘的"群集"，这是具体运演阶段的思维结构。对一个年满7、8岁的儿童来说，就能做到这点，它还不是一个组合系统。发展到形式运演阶段，则能从二元命题的这四个结合中每次取出一个，二个，三个；或每次一个都不取出，可推导出16个组合，称为二元命题的16个组合系统。倘在三个命题情况下，将有256个组合。可见，思维发展到形式运演阶段，无论在广度、深度和灵活性上，又向前推进了。

皮亚杰起初认为形式运演的智力发展约在15岁完成。后来，许多研究表明，因为缺乏适当的教育和环境刺激以及才能上的个别差异，许多学生甚至大学生还不能进行形式思维。因此，皮亚杰在1972年修正了原来的看法，认为所谓正常的人不迟于15~20岁达到形式运演阶段。然而，根据他们的才能和职业特点,他们在不同的领域里达到这一阶段。他指出,职业实践不同的人,在各自的特殊领域里表现着形式运演的能力。

皮亚杰开创了认知发展的研究领域,发现了儿童发展方面的许多规律,并对心理学及其相关领域的研究者产生了重大的影响,尽管皮亚杰似乎已充分地描述了智力发展的一般顺序,但他总是试图从智力的表现来推断儿童潜在的能力,这常常会低估儿童的认知能力,因此皮亚杰许多观点也受到了挑战,一些研究者质疑皮亚杰有关发展阶段的假设,然而另一些研究者则批评皮亚杰没有说明儿童是如何从智力的一个阶段发展到下一个阶段的,而且皮亚杰还低估了文化和社会对智力发展的影响。

二、原初的有机体条件(认识的生物发生)

皮亚杰的发生认识论在阐述认识的发生发展问题上取得了重大的成就,提出了许多独创的见解,这些理论上的成就和独创与皮亚杰从生物学的角度对认识论问题进行的研究是紧密联系在一起的。皮亚杰认为如果是在发生学的水平上而不是超验地解释认识的发生发展认识论问题,都必须从生物学方面来加以考虑。从发生认识论的观点看来这是很重要的,因为心理发生发展只有在它们的机体根源被揭露以后才能为人所理解,所以研究发生认识论的认识生物学的根源理论对准确理解发生认识论是必不可少的。只有了解了发生认识论的认识的生物学根源理论才可能真正理解发生认识论,才能对发生认识论做出正确的分析和评价。

"既然我们已经决定只停留在'发生学'解释的水平上,而不提超验的解释,以前各页所描述的情况看来就只容许三种可能的解释。第一,人们可能争辩说,尽管带有逐步内化作用的逻辑数学运演的发展同带有外化作用的实验和实际因果关系的发展,表面上是背道而驰的,这两者间愈来愈紧密的符合一致是由于现实与环境的强制因素所提供的外源信息产生的。第二条论证路线是把这个逐步的符合一致归因于一个共同的遗传本源,因而以康拉德·洛伦兹的方式在先验论和生物发生学之间进行妥协性的思考。这个观点把以上所说的建构主义提出的不断地加工制造出来的创新看作实际并不存在。第三种解释同样地接受共同本源的看法,并把逻辑数学认识和物理学的认识的两重性建构,尤其是逻辑数学认识所达到的内在必然性,都同等地看作是同心理发生之前就存在的生物学机制有关系的。但是这些机制则被看成是从一个在性质上比遗传特性的传递本身更为一般和更为基本的自我调节中产生的;因为遗传特性的传递总是特化了的,它们对认识过程的重要性是随着'高级的'有机体的演化而减少,并不是随之而增加。

　　"因此,在所有上述三种场合中,认识论问题都必须从生物学方面来加以考虑。从发生认识论的观点看来这是很重要的,因为心理发生只有在它的机体根源被揭露以后才能为人所理解。"

(一)拉马克的经验主义

　　"上面所提出的三个解答的第一个是有明确的生物学意义的。诚然,把所有认识都归因于学习,而把学习则看成是经验的函数的心理学家们(如行为主义者等),以及把逻辑数学运演看成是一种说明经验材料的同语反复式的简单语言的认识论者(如逻辑实证主义者),都没有注意到他们的观点中所暗含的生物学上的困难。

"任何把所有认识都仅仅跟经验的影响联系起来的假设都将在生物学上同一个很久以前就被人放弃了的学说符合一致——这个学说之所以遭到放弃，并不是因为它被证明是错误的，而是因为它忽略了对于理解有机体和环境的关系是很重要的一些已经得到证明的因素：我们所说的学说就是拉马克的变异和演化学说。休谟试图用习惯和联想的机制来说明心理事实；不久以后，拉马克又认为受环境影响而获得的习惯是有机体形态发生上的变异和器官形成的基本解释因素。的确，拉马克也提出了组织因素这个概念，但他是把组织因素看成是进行联系的力量而不是进行合成的力量这个意义上提出来的；对拉马克来说，后天获得的成就的主要特性是依生物通过改变其原有习惯而接受外界环境的烙印的方式的不同而异的。

"这些学说肯定没有错。至于说到环境的影响，现代'人口发生学'只不过是用一种新看法来代替一种旧看法：新看法认为某一群改变了人口复杂单元系统的均衡状态的外界因素（如遗传库的或者说已经发生了分化的遗传型的生存系数、生殖系数等因素）对这些复杂单元系统具有概率作用（淘汰作用），而旧看法则认为外界因素对于个体遗传单元（在拉马克学说的意义上的获得性的遗传）具有直接的因果作用。但是拉马克学说主要缺乏的是关于变异和重新组合的内在能力的概念，以及关于自我调节的主动能力的概念。结果是，如果今天瓦丁顿或多布然斯基或其他一些人把表现型认为是染色体组对环境影响的一种'反应'的话，这并不意味着有机体只是受到外部作用的影响；而是意味着有机体跟外界环境之间存在着完全名副其实的相互作用，这就是说，在环境变化所引起的紧张状态或者说不平衡状态出现之后，有机体已经用组合的方法发明了一个创造性的解决办法，从而带来了一种新的平衡形式。

"如果我们现在把这个'反应'的概念与行为主义在其有名的刺激—反应（S→R）公式中使用了如此之久的概念加以比较，我们就惊异地看出这个心理学派坚持了严格的拉马克学说的精神，并没有受到同时代的生物学革命的影响。所以，我们不从刺激开始，而从对刺激的感受性开始，感受性自然是依存于做出反应的能力的。所以这个公式不应当写作S→R而应当写作S<=>R，说得更确切一些，应写作S（A）R，其中A是刺激向某个反应格局的同化，而同化才是引起反应的根源。"

（二）天赋论

"如果起源于外界的学习假说在前一世代的研究工作中大大地占统治地位的话，那么人们今天就常常发现完全相反的观点，好像放弃拉马克式的经验论（也就是美国作家称之为'环境主义'的东西）必然会导致天赋论（或'成熟主义'）似的。但是这样看就是忘记了在这两者之间是能够存在一些以相互作用和自我调节为基础的解释的。

"有名的语言学家乔姆斯基明确地批判了斯金纳对学习的解释，并证明不可能存在像行为主义者和联想主义者的模型那样的语言学习，他以此对心理学做出了一大贡献。但他得出一个结论说，他的'生成语法'的转换规则最终将揭示出一种固定内核，这种内核包含有诸如主语与谓语的关系之类的某些必要结构。如果从生物学观点来看，这里就牵涉到一个问题，也就是要去说明使获得语言成为可能的大脑中枢的形成问题。如果我们试图说明这个大脑中枢预先就具有言语和理性思维的基本形式，那么，任务就会变得更加困难得多。从心理学观点来看，上述这个假说是没有用的：如果乔姆斯基认为智力是语言的基础而不是语言是智力的基础这种看法是对的,那么我们所需要做的一切就是提醒大家注意感知运动性智力,这种智力在言语出现之前的结构化,确乎是以神经的成熟为先决条件的,甚至更为有意义的是,是以从逐步协调与自我调节开始而先后相继出现的平衡状态为先决条件的。

"按著名的生态学家洛伦兹的观点,认识的结构也同样是天赋的。认识的'范畴'是作为一切经验的先行条件而生物学地预先形成了的,其方式一如马的蹄和鱼的翅那样是作为遗传程序设计的结果而在胚胎发生中发展起来的,并且远在个体(或者说表现型)能够使用它们之前很久就发展起来了。但是,按照我们的解释,认识的结构确实是赢得了必然性的:但是,只是在它们发展的最后而不是一开始就有,而且也不牵涉任何先行的遗传程序设计。

"瓦丁顿关于'后成系统'的观点——或关于梅伊尔称之为'后成遗传型'的东西的观点,已使得正统新达尔文主义成为大大过时的了。目前关于表现型的看法表明,表现型是遗传因素与环境因素之间从胚胎发生阶段起就存在着的一种不可分离的相互作用的产物,这就使得要在天赋的东西与获得的东西之间找出一条固定的界限是不可能的,因为在这两者之间存在着发展所特有的自我调节区域:在认知性行为水平上,就更是这样。

"实际上,在包括感知运动格局在内的认识性格局领域内(但本能除外,关于本能我们回头还要来谈),遗传与成熟的作用都限于:只能决定后天成就的不可能性或者说可能性的范围有多大。但是成就的实现,需要由经验从而也是由环境所给予的外界材料,以及由自我调节引起的逐步的内部组织化。总的来说,要说明认知性行为——或者要说明有机体的任何改变——我们必须求助于为经验论者所忽略的内源因素;但是绝不能由此就说每一种内源的东西都是从一种遗传程序设计所派生出来的；所以我们现在必须考虑自我调节因素，这些因素同样是内源的，但是它们的效应却不是内在的。

"但事情还远远不止于此。因为自我调节实际上显示出了全部下述三个特点：自我调节是遗传特性传递下去的先行条件；自我调节比遗传特性的传递更为普遍；自我调节最后导致高级水平的必然性的出现。"

（三）从本能到智力

"这样一来，遗传特性的传递似乎在认知功能的发展中仅起一个有限的作用。可是，本能所牵涉到的特定的实际认识（'知道怎样办'）则需要分别加以考虑。因为本能包含有行为内容和行为形式的遗传程序编制。除感知运动格局本身以及感知运动格局的具有决定作用的标志（IRM 或'内在意义标志'）是遗传来的这一不同之点以外，行为形式跟感知运动格局的形式是类似的。因此，在这里我们看到的是一些类似于前言语智力的结构，但由于它们是天赋的，因而是固定不变的，绝对不能为表现型的建构所改变。

"那么，问题就是去了解从本能到智力的过渡，或者说智力从本能之中的出现。我们想建议，在所有本能行为中必须仔细区分为三个按阶梯等级排列的水平。（1）第一，存在着为一切本能行为所共有的特点，亦即为可以称之为一般协调作用所共有的特点：活动的先后顺序，活动格局的彼此重叠，活动的互相对应（例如，男性行为和女性行为之间的对应），活动的互相替换（例如，格拉塞翅膀斑点或白蚁巢的各个单元排列的可变次序）等等。（2）第二，存在着行为内容在遗传时的程序化。（3）最后，存在着个体对多种多样的环境的适应，这些适应趋向于顺应环境或者说顺应经验。因此，在从本能到智力的过渡时唯一趋于消失或被减弱的东西就是这第二水平(2),也就是行为内容在遗传上的程序化。另一方面,一般形式(1)一旦从固定的内容中解放出来时,就会通过反身抽象而引起多种多样的新建构;同时,个体适应(3)也是以同样的方式发展的。

"总之,智力之从本能之中出现是伴随有方向虽然不同但却是相互联系着的两种发展:一种是内化的发展,它与(1)相当,发展方向是朝向逻辑数学方面(注意,在本能的逻辑的主体方面,他的几何概念常常是多么地令人注目);另一种发展是外化的发展,其发展方向是朝向学习与经验。这样一种双重过程易于使人想起认识的心理发生的开始,虽则这两种发展自然是明显地比心理发生的开始还要早;从我们对一个一个阶段的会合性重新建构的认识看来,这一点并没有什么可令人惊奇的。在发生这些转换的种族发展水平上,这些无疑都是和脑的'联合通路'(即既非内导也非外导的通路)的发展有关的。

"考察遗传仅仅是把生物发生的问题放到一个不同的前后关系之中,绝没有把问题缩小。在这里我们仍然面临着一些巨大的困难。拉马克相信获得性的遗传,并把环境的作用看作是遗传特性的本源。本世纪初的新达尔文主义者的观点现在还被许多人所接受,并且是当代所谓'综合'理论的核心,他们将遗传的变异看作是与环境无关地产生的,环境仅仅是通过适者生存的淘汰作用才在以后介入。然而在今天,这种简单的概率和淘汰作用的模型愈来愈显得不适当,并趋向于被循环往复的通路模型所替代。一方面,如我们已经指出的,表现型是作为染色体组对环境作用的一种'反应'而出现的,而怀特还走得如此之远,以致认为细胞具有调节变异的能力。另一方面,淘汰作用仅仅适用于表现型,而且起源于那个部分地被表现型所选择和改变了的环境的。所以在内部变异(特别是重新组合)和环境之间存在着循环往复的通路。因此瓦丁顿引用了'生物发生上的同化作用'概念,并重新提出了'获得性的遗传'问题——虽然在他的思想中有一个十分'非拉马克主义',而且是远远超过了那些过分简单的新达尔文主义模型的看法。因此,在认知结构的生物发生的领域里对遗传的求助,看来开始时是集中注意于原始遗传组织和环境分别做出的贡献,结果却是使我们重新回到了原始遗传组织与环境的相互作用这种解决办法。"

(四)自我调节系统

"一般说来,如果我们要说明认知结构的生物根源,以及认知结构之成为必然这一事实,我们必需既不认为只有环境才对认识结构发生作用,也不认为认识结构是先天地预先形成了的,而应看作是在循环往复的通路中发生作用的、并且具有趋向于平衡的内在倾向的自我调节的作用。

"在上面这三种解决办法中,其他两种所固有的困难我们就不提了。肯定我们这个解决办法的第一个正面理由是:这些自我调节系统存在于有机体的功能作用的各个水平上,从染色体组起直到行为领域本身为止,因此,自我调节看来是反映生命组织的最一般特征的。自我调节是生命最普遍的特性之一,也是机体反应与认知性反应所共有的最一般的机制。

"第二,以自我调节为基础的解释特别富有成效,因为这些解释说明了形成结构的过程,而不是说明现成结构,然后再在这些现成的结构中探索事先就以预成状态包含了种种知识范畴的其他结构。有机体的自我调节已给我们提供了从一个水平到另一个水平的无限重建过程的图景,不是高级形式预先就包含在低级形式之中,而是高低级形式之间的联结仅仅是功能上的类似。

"把上述过程视为是已经完成了的过程，并且从倒过来的顺序进行观察，那么，看来无可否认的就是：逻辑数学运演是在前运演的表象水平上就由尝试错误及其调节所准备好了的。看来也同样清楚的是：在行为的水平上，上述这些建构的起点并不是语言；它们的根源存在于感知运动水平上的活动的一般协调作用中（排列顺序、互相重叠、对应关系等等）。但是这些协调并不是一个绝对的开端，它们是以神经协调为先决条件的。这里麦卡勒克和皮茨的重要分析已经揭示出在细胞突触联系后面发生的转换跟逻辑算子之间的同构性——虽然这当然不意味着'神经元的逻辑'事先就包含有思维水平上的命题逻辑，因为要达到这个水平是需要十一到十二年时间的反复抽象的建构作用的。证明在所有水平上，在神经协调和有机体自我调节之间都存在着联系，这当然是生物学的任务。

"留下来的是主体与客体之间的关系问题，以及逻辑数学运演同物理经验和（以后的）因果关系之间存在着惊人的一致性所引起的问题。在这里，认知技能的心理发生和生物发生之间的相互联系，似乎提供了一个使人非相信不可的解决办法：如果有机体成为具有建构性运演的主体的出发点，那么尽管有这些建构性运演，有机体还是应该像其他的事物一样，成为一个物理化学客体，即使增加了新的规律它也将仍然服从于物理化学规律。因此，主体结构之与物理现实的结构发生关系，是通过机体内部原因而不是（或不仅是）通过外部的经验。这意味着它的运演技能作为活动的结果，是发生在物理系统之内，这个物理系统决定了运演技术的初级形式。我们很愿意着重指出，对于先验论者不得不退而向其求援，并且直到希尔伯特时代还得到承认的那种宇宙与思维之间的'先定的'和谐，在我们思想上应该由'被建立的'和谐取而代之，这种和谐事实上是由一个在机体水平上就已经起作用的过程所逐步建立起来的,并且是从机体水平无限地向前扩展的一种和谐。和谐事实上是由一个在机体水平上就已经起作用的过程所逐步建立起来的,并且是从机体水平无限地向前扩展的一种和谐。"[1]

在皮亚杰的理论中,认识的发生和发展的实质是在主体与客体的相互作用中认识结构不断地被建构,即认识结构在主体与客体的相互作用中发生和发展。对于认识结构的起源,皮亚杰认为:不仅应该在"主体的活动中去找",而且"还要在主体的机体结构本身中去找"。这是因为在生物学的自动调节的适应理论、发展心理学和发生认识论之间存在着基本的联系,这种联系是如此地带有基本性,如果它被忽视则任何智力发展的一般理论都不能建立起来。在皮亚杰看来,在有机体自身的结构和机能与各种认识形式的结构和机能之间存在着同构关系,这种同构关系就是在"内因与环境间相互作用的生物学上的概念和主体与客体间必要的相互作用的认识论上的概念",两者之间存在着"一种直接的甚至十分密切的关系"。所以,"为了证明发生认识论对主客体之间的关系所做出的解释是正确的",必须要提到认识的生物学根源。

发生认识论的最重要的生物学理论基础,是当代理论生物学家瓦丁顿的"后成论"(后成论又称衍生论或渐成论)。这是一种强调基因型与环境相互作用的关于胚胎发育的理论,它与生物学中的预成论相对立,主张生物体的各种器官和组织都是在个体发育过程中逐渐形成的。皮亚杰认为后成论的胚胎发育理论与发生认识的智力和认识结构的发生发展理论之间具有惊人的相似之处,发生认识论与生物学的关系是明显的,因为认识机能的发展是后成论的一部

---

[1] 皮亚杰.发生认识论原理[M].北京:商务印书馆,2011.63—76.

分。"预成论还是后成论的问题不是器官胚胎发生学的专门问题,每当我们讨论认知机能的个体发生时它都以最尖锐的形式表现出来"。

皮亚杰指出,"长期以来,所有关于行为在进化机制中的作用的论述都倾向于两种极端解释之中的这一种或者那一种"。两种极端主张之一是拉马克的经验论主张,另一个极端是新达尔文主义。根据拉马克的经验主义,认识的发生被概括为"刺激(S)→感受(R)"公式,这一公式只肯定环境对机体的作用,却忽视了机体对环境的影响,忽视了机体的"内源因素"。皮亚杰认为至少把上述公式修改为"S←→R"。与拉马克的经验主义相反的是生态学家劳伦兹提出的天赋论,主张认识的范畴作为一切经验的先行条件而生物学地预先形成了的。如同马的蹄和鱼的翅一样是作为遗传程序设计好了的结果而在胚胎中发生发展起来的。对于这两种极端的主张,皮亚杰认为,拉马克认识到了行为对特殊器官的形态形成的作用,但他把行为完全归因于外源性起因看成只是由环境决定的,忽视了一切行为都包含内源性因素的中介,拉马克获得性遗传是以经验主义的方式理解生物进化的。而新达尔文主义用偶然的突变也难以解释新行为形式的产生(进化),它把每一种内源的东西都说成是一种遗传程序设计所派生出来的,用新达尔文主义的方式来理解认识机能必然会导致天赋论。在批判上述两种错误倾向的基础上,皮亚杰提出了"自我调节"这一重要概念。所谓自我调节也就是认识结构中的同化(即有机体对输入刺激的过滤和改变)和适应(指集体改变内部格局以适应现实),两种机能之间的平衡。皮亚杰认为,自我调节是机体的最基本特征,它存在于有机体功能作用的各个水平上,从染色体组起到行为领域本身为止,正是这种自我调节的作用导致了认识的生物发生,并促使认识结构在机体和环境的相互作用中不断从低级向高级发展。

　　在关于进化的学说中，皮亚杰特别推崇瓦丁顿的观点。瓦丁顿的后成论对皮亚杰的发生认识论的形成和发展具有十分重要的意义。皮亚杰说："现代生物学的这些成就对一般结构主义来说是很珍贵的，尤其是因为这些成就跟行为的比较理论，即动物行为学合并一起为心理发生学的结构主义提供了不可缺少的基础。"皮亚杰认为，作为智力运演基的后成过程，完全可以与胚胎学的后成系统以及表现型的器官结构相比较。皮亚杰指出，如果我们要说明认知结构的生物学根源以及认知结构之成为必然这一事实，我们必须既不认为只有环境才对认识结构发生作用，也不认为认识结构是先天地预先形成了的，而应看作是在循环往复的通路中发生作用的，并且具有趋向于平衡的内在倾向的自我调节作用。

　　生物学对于发生认识论的提出和建立具有特别重要的意义。这个重要意义表现在两个方面：一是生物学是发生认识论最重要的自然科学基础和理论背景。发生认识论最大的理论成就和特色是，提出了认识来源于主体与客体之间相互作用的观点，这个观点不仅是在批评经验论、先验论和天赋论的基础上提出来的，而且也是在批评拉马克主义和新达尔文主义的基础上提出来的。在发生认识论的每个基本概念和基本理论背后，我们都能够找到它的生物学支点。二是生物学对发生认识论提出问题的思路和解决问题的方式有着直接的影响。发生认识论用同化和顺应说明，主体客体间的相互作用用平衡和自动调节解释发展，用内化和外化的双向建构说明认识的发生发展等等都不是以传统的哲学和心理学的方式来展开思路和进行论述的。而是在改造生物学的概念和方法的基础上，把一些生物学的概念和方法运用于认识论和心理学，从而形成独具特色的发生认识论理论体系。因此，就生物学对于发生认识论的重要意义我们可以毫不夸大地说，没有生物学就没有发生认识论，不研究不了解皮亚杰的认识的生物学根源理论，就不能真正理解和了解皮亚杰的发生认识论。

三、古典认识论问题的重新考虑

在下面的论述中，皮亚杰主要对一些古典认识论（逻辑的认识论、数学的认识论、物理学的认识论）问题做了考查，他认为各门科学都应有自己的认识论，但认识总是一种持续不断的建构。

"我们既已完成了对认识发生的概括评述，然而尚待分晓的是这种分析所得结论对解答一般认识论的重要问题是否有些用处。发生认识论要求探索这样的解答。"

（一）逻辑的认识论

"我们发现在历史的早期，如在欧几里得时期，公理还是作为直觉的、不证自明的东西而被接受的，所以是从自然思维方面简单地借用过来的，但是后来反身抽象变为一种有了分化的活动，这种活动考虑了它的目标，并把这些目标一般化。它获得了新的能力，能给直觉性变得越来越少的理论提供基础——在这方面，非欧几里得几何标志着一个根本的转折点。从发生学的观点来看，形式化很可以被认为是思维发展中已经出现的反身抽象的一种扩展。但是由于形式化具有的日益增加的专门化和一般化，它显示出形成各种组合的可能性是不受拘束的、丰富多彩的，这就大大地超越了自然思维的范围。形式化之所以能做到这一点，是依靠一种与通过可能性借以预测现实性的过程相类似的过程。"

（二）数学的认识论

"数学虽然是奠基于极少数内容相当贫乏的概念或公理之上，为什么却这样富有成效呢？

"对于这个问题，我们认为数学上的同语反复概念纯粹是一种字面上的假设。发生学的研究显示出，在数学家关于组成机制所讲到的东西与儿童发展早期阶段所表现出的东西之间具有某种会合一致的关系；因此发生学的研究对这些建构的心理根源，甚至生物根源，提出了可能的假说。"

（三）物理学的认识论

"在物理学领域，许多古典概念被动摇，需要重新建构。可以肯定，在被发现以前，客体就存在着，客观的结构本身也存在着。但是，客体只是通过被建构才被发现的。人的技术是依靠生物发生学的中介而发源于物质世界的，但人的技术不断地超越物质世界，建构成一个由可能的和必然的联系组成的非时间性宇宙——一个比'论域'丰富得多的宇宙。"

（四）建构主义与新特点的创造

"本书以新认识的建构作为中心问题。首先，发生学的观点反对在'创新'和'预成'之间做出二者必居其一的选择，指出所有创新都会为新的可能性开路。其次，它阐明了实物性动作是如何地成为认识发生过程中的出发点的，而认识的顶点则是同非时间性和可能性的王国联系在一起的。但这种可能性王国不是一劳永逸地达到的,在'有效的'建构作用以后会出现至今尚不知道的其它的建构作用。再次,发生心理学通过它对认识发生本身的分析,已试图证明这三种关于认识结构预成的假设都是不适当的,并试图为广义的发生学建构是一种有效的组织性的建构这一见解提供一个例证。最后,发生心理学认为,新结构的历史–心理发生上的建构是真正组成性的,不能归结为一组初始条件的状态。这样就同建构主义一致起来。发生学方法对建构主义的概念提供了支持。"[1]

皮亚杰从心理的发生发展来解释认识的获得,特别是科学认识。他一再强调认识的建构是通过主客体的相互作用的。他说:"认识既不是起因于一个有自我意识的主体,也不是起因于业已形成的(从主体的角度来看)、会把自己烙印在主体之上的客体;认识起因于主客体之间的相互作用,这种作用发生在主体和客体之间的中途,因而同时既包含着主体又包含着客体……"。"认识既不能看作是在主体内部结构中预先决定了的,——它们起因于有效地和不断地建构;也不能看作是在客体的预先存在着的特性中预先决定了的,因为客体只是通过这些内部结构的中介作用才被认识的"。

在上面的论述中,皮亚杰就这样来考查逻辑、数学和物理学的认识。他认为这些认识都同样是不断建构的产物。建构构成结构,结构对认识起着中介作用;结构不断地建构,从比较简单的结构到更为复杂的结构,其建构过程则依赖于主体的不断活动。他说:"一切认识在初级水平都是从经验开始,但是从一开始我们就能区别出从客体做出抽象的物理经验,和从主体活动间的协调做出反复抽象的逻辑数学经验(例如,为了验证2+3=3+2,而把客体排成顺序或者

[1] 皮亚杰.发生认识论原理[M].北京:商务印书馆,2011.77—117.

改变顺序）"。他认为"我们可以越过那些可观察到的东西来尝试着建构结构，并不是从主体有意识地说的或想的什么来形成结构，而是以当他解决对他来说是新问题时，他依靠他的运演所'做'的什么来建构结构"。因之，"我们就可以把逻辑看作是这些结构的形式化，以及随后的超越这些结构"。就逻辑认识论本身而言，皮亚杰从逻辑外的角度进行了探讨、研究；就形式化局限的克服而言，皮亚杰提出了逻辑学与心理学的连结以及跨学科研究的原则。至于数学认识，皮亚杰把自己的见解说得更加清楚，他认为"全部数学都可以按照结构的建构来考虑"。对数学认识论的三个传统的问题：（1）数学虽然是奠基于极少数内容相当贫乏的概念或公理之上，为什么这样富有成效呢？（2）数学具有建构的特征，这可能成为不合理性的根源，但为什么数学仍然保持着严格性和必然性呢？（3）尽管数学完全具有演绎性质，为什么数学与经验或物理的现实符合一致？他提出了自己的观点：第一，数学是奠基于极少数内容相当贫乏的概念或公理之上，却是富有成效的；第二，数学具有建构的特征，但数学仍然保持着严格性和必然性；第三，尽管数学完全具有演绎性质，但数学与经验或物理的现实是符合一致的。至于物理学，他认为"物理学总是这样那样地与一些起结构作用的运演有关，而不仅与最后将要在预先给定的结构中去发现出来的有用的步骤有关。可以肯定，在被发现之前，客体就存在着，客观的结构本身也存在着"，皮亚杰就是这样论述主客体的关系的。

《发生认识论原理》一书系统地阐述了皮亚杰对于认识论的观点，他指出："发生认识论的特有问题是认识的成长问题"，而研究认识的发生发展是认识论不可缺少的一个部分；并指出发生认识论的两个特点：（1）研究各种认识的起源；（2）"它的跨专业性质"。《发生认识论原理》一书充分地显示了这两个特征，而且其中蕴含的许多有价值的思想对我们理解认识的发生、发展有着重要的意义。

《发生认识论原理》一书从儿童智力的发生、发展过程解释了认识的起源（即从认识的心理发生和认识的生物发生两个方面着手进行了研究）。通过对认识的心理发生和生物发生的分析，皮亚杰把认识的发生、发展描述为主体在和客体的相互作用中的"连续不断的建构"，并进而把这一建构过程描述为连续性和非连续性统一的"螺旋体"。这一思想不仅说明了认识的起源和发展，而且也具有重要的方法论意义，对于我们目前正在讨论源泉问题及主客体的关系问题等是有启发作用的。

《发生认识论原理》也充分地显示了跨专业的特征，皮亚杰认为，随着科学的发展，科学的整体化趋势日益加强。在这种情况下，仅仅从哲学这门学科出发，根本不可能对认识论做出彻底的探讨，也根本不可能对先验论或古典经验论做出透彻的批判。发生认识论实际上是心理学家、科学史家、逻辑学家、数学家、控制论专家、语言学家等集体研究的产物。这就启示我们，认识论的研究要真正有所推进，就必须从经院式的烦琐争论中解放出来，使认识论的研究和科学实验结合起来成立跨学科性质的研究机构，探索认识的发生、发展和思维的本质。

当然《发生认识论原理》一书也有它的局限性。例如，皮亚杰单从心理学和生物学的角度去分析认识的发生和发展，忽略对认识的社会特征及主体的社会属性的分析和考察，就不可能得出认识发生的全面的正确结论，也不可能对先验论和经验论做出系统的、彻底的批判。

第四章 结构主义

20世纪60年代，在法国兴起了一个十分活跃的并很快取代了存在主义而占主导地位的哲学流派——结构主义。结构主义源于瑞士语言学家索绪尔的结构主义语言学派。索绪尔提出了系统的语言理论：语言是一个封闭的系统，语言理论必须重视语言系统中要素之间相互依赖、相互制约的关系及语言内在结构的研究。

结构主义的典型代表是法国的人类学家列维·斯特劳斯。他把语言学的结构主义观点和方法用于研究人类社会，并把自己的人类学思想和方法称为"结构人类学"。在其名著《结构人类学》中还指出结构有如下特征：第一，结构展示了一个系统的特征，它由几个成分构成，其中任何一个成分的变化都会引起其他成分的变化。第二，对于任一指定模式都应有可能排列出由同一类型的一组模式中产生的一个转换系。第三，上述特性使它能预测模式将如何反应，如果一种或数种成分发生了变化的话。最后，模式应这样组成，以使一切被观察到的事实都成为直接可理解的。他对结构内涵的揭示与瑞士心理学家皮亚杰对结构基本特征的看法是一致的。此后，这种观点和方法获得广泛的推广和应用。其中，瑞士的皮亚杰则把它应用于发生认识论的研究。

结构主义的一般倾向是：第一，强调结构的整体性，认为整体优于部分。第二，强调深层结构重于表层结构。第三，强调共时态重于历时态。第四，主张"主体移心化"，即把社会历史的中心从"个人"或"自我"转移到"结构"上来，人只是整体结构中的一个关系项。第五，强调"结构"的客观性。

在对"结构"概念所做的各种释义中，皮亚杰是较为全面和系统的。皮亚杰于1968年出版《结构主义》一书，其实"结构"一词的概念并非由该本书开始，而早在皮亚杰对生物学感兴趣的时候便开始对此名词感兴趣，只不过后来皮亚杰将生物学上的结构引用到人类知识发展的心理结构上来。皮亚杰把发生认识论的方法称之为"方法论结构"主义，以区别于把结构实在的"静态的结构主义"。"建构主义"与"结构主义"有明显的区别，前者强调结构的历时性、转换性和源于经验或活动的特性。后者强调结构的共时性、静止性和先验性。皮亚杰所指的结构，特别指认知结构而言，是指能力发展的不同阶段。因此，虽然皮亚杰自生物学上和数学逻辑上获得此概念，但其用法却与生物学的结构不甚相同。生物学上的结构和数学逻辑上的结构大都指那些固定不变者，而皮亚杰的结构却是转换的体系。皮亚杰的结构概念取自生物学，但却将封闭的结构转化为开放的结构。

一、结构主义的定义

"人们常说，要规定结构主义的特征是很困难的，因为结构主义的形式繁多，没有一个公分母，而且大家说到的种种'结构'，所获得的涵义越来越不同。不过，如果把在当代各种科学中和越来越时髦的流行讨论中的结构主义所具有的不同涵义加以比较，似乎还是有可能来做一次综合的尝试的。但是，如要进行这种综合，有一个明确的条件，就是必须对于事实上总是联系在一起而法理上又应该互相独立看待的两个问题，分别来考虑：一个是积极方面，即包含在这些不同种类的结构主义之中的已经取得的成就或带来的希望里，结构观念所具有的理想；另一个是在每一个不同种类的结构主义的产生和发展过程中，伴随着反对当时占统治地位的倾向而表现出来的批判意图。

"在进行这种区分的时候，我们应该承认，所有'结构主义者'已经达到或正在追求的一个具有可理解性的共同理想，是存在的；而结构主义者们的批判意图，则是十二万分地不同。例如，在数学界，对于有些人来说，结构主义乃是要反对把不同来源的各个部门分割开来，同时由于利用同形结构而重又找出统一性来；对于另一些人来说，如在连续几代的语言学家中，结构主义主要地是要把加在孤立现象之上的历时性研究抛在脑后，用共时性的理论去找出语言的整体系统来；在心理学里面，结构主义则更多地是要反对'原子论'倾向，因为这种倾向是要力求把各个整体还原成原先存在的成分之间的若干联想。在流行的讨论之中，我们看到结构主义在攻击历史决定主义、功能主义、以及有时甚至还攻击一般地求助于人类主体来解释问题的一切形式。

"所以，显然，如若人们要从反对不同意见的角度来给结构主义下定义，要从坚持结构主义曾经反对过的各种态度方面去下定义，那么我们就只能找到与科学史和思想史上的种种曲折变化相联系的分歧和矛盾了。反之，把结构观念的积极特征作为中心，我们就至少能够从所有的结构主义里找到两个共同的方面：一方面，是一个要求具有内在固有的可理解性的理想或种种希望，这种理想或希望是建立在这样的公设上的：即一个结构是本身自足的，理解一个结构不需求助于同它本性无关的任何因素；另一方面，是已经取得的一些成就，它达到这样的程度：人们已经能够在事实上得到某些结构，而且这些结构的使用表明结构具有普遍的、并且显然是有必然性的某几种特性，尽管它们是有多样性的。"[1]

结构主义（包括后结构主义）不是一个统一的哲学流派，而是具有不同哲学倾向的学者因在不同意义上将原来在语言学中运用的结构主义方法推广用于从事其他研究而形成的一种庞杂的思潮。通过对众多结构主义的分析，皮亚

---

[1]　皮亚杰.结构主义[M].北京.商务印书馆,1984.1—2.

杰认为,结构主义"有两个共同的方面:一方面,是一个要求具有内在固有的可理解性的思想或种种希望,这种理想或希望是建立在这样的公设上的:即一个结构是本身自足的,理解一个结构不需要求助于同它本性无关的任何因素;另一方面,是已经取得的一些成就,它达到这样的程度:人们已经能够在事实上得到某些结构,而且这些结构的使用表明结构具有普遍的、并且显然是有必然性的某几种特性,尽管它们是有多样性的"。换言之,皮亚杰认为结构主义有两个共同特点:第一,在一个研究领域里要找出能够不向外面寻求解释说明的规律,能够建立一个自己说明自己的结构。第二,实际找出来的要能够形式化,作为公式而做演绎法的应用。同时,皮亚杰也认为,"结构主义真的是一种方法而不是一种学说","作为方法论,结构主义是开放的"。

换言之,结构主义的中心思想在于:某种结构(或系统)可支配和解释任何研究对象。结构是一种"真实"的存在,是"无意识"的产物。它由许多成分组成,这些成分之间的关系就是结构。结构主义强调的是从结构的整体上去认识事物。那么结构到底有什么特征呢?我们应该如何去理解这些特征呢?皮亚杰对此做出了自己的分析。

二、结构与特征

皮亚杰认为结构"应该是可以形式化(或译:公式化)的"。同时,结构应该是体现在具体的学科里面的。皮亚杰认为"结构的存在方式,要在每一个特定的研究领域里去加以说明"。皮亚杰总结说,一个结构必须包括三种特性:整体性、转换性、自身调整性。"只有作为一个自动调节的转换系统的整体,才可以被称为结构。"接着,皮亚杰对结构的三个基本特征进行了详细的论述。关于结构的整体性。首先皮亚杰认为,任何一个结构都有它自己的整体性。同时他也认为，一个结构是由若干个成分组成的：但是这些成分不是孤立地各自存在的，而是服从于能说明体系之成为体系特点的一些规律的。这些所谓组成规律，并不能还原为一些简单相加的联合关系。这也就是说，结构的一个显著特点就是，结构之间的组成部分是由具有有机联系的规律组成的，而不是各个部分简单加起来的整体，整体与结构之间的区别就在于此。在结构中，任何一个元素都不能不受整体性法则的支配而孤立出来。

（一）整体性

在关于整体的性质问题上，皮亚杰对两种观点，即原子联想主义和"涌现论"提出了批评。皮亚杰认为，前者的错误在于把结构简单化为各个组成元素单纯相加而成的集合体，并企图把结构还原为它的组成元素，而没有看到结构的整体性是不能由其任何一个元素本身的特性来说明的。后者虽然认识到一个结构的整体性并不是由组成它的各个成分的简单相加就可以体现出来的。但是，他们把整体看作先于其各个成分而存在，或者是在这些成分发生接触的同时就可以得到一个整体的机构。皮亚杰认为，原子主义者认为整体一直处在组成的过程中，这是一种没有结构的发生论。"涌现论"者主张没有发生过程的整体性或形式，这是一种没有发生过程的预成论。皮亚杰以数学为例来说明这个问题。比如：数学里的整数并不是孤立存在的，人们并不是在随便什么样的程序里发现了它们，然后再把它们汇合成一个整体的。整数只是按照数的系列本身才表现出来，这个数系列具有"群""体""环"等的结构性质，而这些性质是不同于每一个数的性质的。皮亚杰指出，既不能像旧原子论那样将整体看作是诸先决成分的简单总和，也不能像"格式塔"学派那样把整体看作是先于成分而退回到柏拉图先验论的立场。

（二）转换性

关于转换规律，皮亚杰认为："结构就是要成为一个若干转换的体系，而不是某个静止的体系。"如果说被构成的这些整体性的物质是由于它们组成规律而得来的，那么这些规律从性质上来说就是起构造作用的。这种构造和被构造的双重作用，正说明了转换概念的成功性。转换表明，结构不是一个静止的整体，而是包含变化的。在转换规律的支配下，整体的守恒不但不与各种要素的各种变化相矛盾，相反，结构的整体性正需要由这种变化而体现出来。

转换性是结构中构造整体的那些规律的特性。支配结构的转换规律不仅形成结构，而且还起到不断整理和加工新的材料，调整旧结构和构造新结构的作用。这说明结构不是静态的，也不是一劳永逸的。皮亚杰认为，一切已知的结构，从最初的数学"群"结构，到社会亲属关系结构，都是一些转换体系。例如语言作为人的基本结构，就能够把各种各样的基本句子转化为形形色色的新话语，同时又把这些话语保留在它的特定结构之中。

（三）自身调整性

结构的自身调整性带来了结构的守恒性和某种封闭性。由于转换是在一个整体之中进行的，因此，"一个结构所固有的转换不会越出结构的边界之外，只会产生总是属于这个结构并保存该结构的规律的成分。"正是在这种意义上，结构容易把自身封闭起来。结构的守恒性和封闭性需要其自身调整，反过来又因为其自身调整产生了结构的守恒和封闭。结构的自我调整性揭示了结构的形成与转换的内在机制，因此，皮亚杰对自我调节的作用非常重视。他把自我调节分为两种：一种只是在原有的结构中发挥作用，在平衡的状态下使结构得到自身的守恒与稳定，并不超越原有结构的界限；而另一种自我调节则掺和新的结构，并把所有的结构作为子结构整合到一个更大的结构中去，从而在一个新的、更大的范围内使结构保持自身的守恒和稳定。

根据以上对整体性、转换性和自身调整性的简要介绍，我们可以看出皮亚杰的结构主义包含了极其丰富的辩证法思想，他是从变化和发展的观点来强调结构的整体性的。皮亚杰在他的《结构主义》一书的《结论》里指出，结构主义主要是一种方法，不是一种学说或者哲学。

作为方法的结构主义，就具有这样两个特点。第一，"结构的研究不能是排它性的，特别是在人文科学和一般生命科学范围内，结构主义并不取消任何其他方面的研究。"因此，他主张对各种结构主义的方法进行综合（即整合），亦即以互反和相互作用的方式进行综合。第二，采用多学科的交叉对结构进行研究。

皮亚杰的结构主义吸收了生物学、心理学、数学、逻辑学、物理学等等各方面的最新成果。无论是结构主义流派以内的抑或结构主义流派以外的学者都普遍地认为，皮亚杰给结构所下的定义所揭示的特点，全面而准确地代表了结构主义方法论者在结构本身问题上的基本观点。

三、心理学结构

（一）"格式塔"理论

毫无疑问，皮亚杰认为"格式塔"理论的出现是心理学中结构主义的开端。

"但是，最引人注目的心理学结构主义形式，毫无疑问是由'格式塔'理论所提供的。'格式塔'理论产生于1912年的韦特默尔以及克勒的趋向一致的研究，莱温（K.Lewin）以及他的门徒们在社会心理学方面继续发展了'格式塔'理论。完形理论，或'格式塔'学说，是在现象学的氛围里发展起来的，可是只从现象学保留了关于主体客体之间基本相互作用的概念，而决然地沿着克勒所受过的物理学家的教育和在他和别的人研究的'场'的模型中起作用的自然主义的方向发展。然而，今天再来评价，这些模型对于完形理论所曾起过的影响，在某些方面却是有害的，尽管这种影响在他的原理方面起过促进作用。

"事实上，一个力场，如同一个电磁场，就是一个有机的整体，这就是说，其中力的组成按照方向和强度而具有一定的形式；不过，这里力的组成几乎是瞬间完成的。如果也可以谈转换的话，这些转换几乎是瞬时的。可是，在神经系统和多突触'场'的范围里，电流的速度要缓慢得多。如果说，从输入神经出发组成知觉是迅速的，这也不能成为可以把这个例子推广到所有的'格式塔'上去的理由。可是，克勒专注于场效应，导致他只是在'顿悟'中才看到有真正的智力行为，好像在最后的直觉出现以前的那些摸索还不是智力行为似的。尤其是，'格式塔'学派对于功能与心理发生的观点以及最后还有对主体的活动极少重视，无疑场模型是要负责任的。

"正因为'格式塔'是被人这样认为的，所以并不妨碍'格式塔'代表一种使相当数目的结构主义者喜欢的'结构'类型。这些结构主义者没有明说或者已明说出来的理想，就是要找出一些他们可以认为是'纯粹'的结构来，因为他们所要的结构没有历史，更没有发生过程，没有功能，而且和主体没有关系。在哲学领域里要建立这样的本质是容易的，因为哲学领域中的发明有不受任何限制的自由；然而，在可以查核的现实世界领域里却很难遇到这样的情况。'格式塔'就给我们提供了这样一种假设，所以认真地审查这个假设的价值是重要的。

" '格式塔'结构主义的中心观念是整体性观念。早在1890年，埃伦费尔斯（Ehrenfels）就曾指出，存在着一些建立在整体或形式性质'形质'（Gestaltqualitat）上的知觉，如一个音乐旋律或一个面部表情这样的复杂客体的性质。确实,如果人们把某个调的旋律转位为另一个调,那么所有一个个的音都改变了,可是人们还能听出是同一个旋律。但是埃伦费尔斯在这些整体性质中只看到了一些与感觉的实在互相重叠的知觉的实在;而相反,'格式塔'理论的独创性,则是否认感觉作为预先存在的心理成分而存在,只赋予感觉'被组成结构的'成分的地位,而不看作'起造结构作用的'成分。所以,从一开始就有的,是一个具有整体性的整体,问题是要解释这个知觉整体:在这里,场的假说起作用了。按照场的假说,那些输入神经冲动并不是孤立地一个一个地触及大脑的,而是通过神经系统的电场的居间作用,几乎立即产生一些组织好的'完形'。但是,我们还得要找到这种组织的规律。

"正因为一个场里的所有成分都一直属于整体,每一局部的变化都会引起整体的改组,所以,知觉整体的第一个规律,就是不仅存在有作为整体的整体特性,而且整体的量值也并不等于各部分的总和。换句话说,知觉整体的第一个规律,就是全体的组成,其规律不是加法性的;在这一点上克勒说得非常清楚,因为在他的《论物理学的格式塔》(德文全名为 'Die physischen Gestalten in Ruheund im Stationaren Zustand',1920)一书里,他不承认机械力的组成具有'格式塔'的性质,就因为机械力是以加法关系组成的。在知觉领域中,这种非加法性组成的性质是容易验证的:被分隔的空间比未被分隔时要显得大些;在某些重量错觉中,一个复杂的客体A+B(把一根铝棒放在一个空盒子上,两者共同组成一个同一颜色的简单形式),看起来似乎比铝棒A在单独时要轻一点(由于与体积发生关系等的原因)。

"第二个基本规律是知觉整体有采取可能的'最优形式'的倾向('优良形式'优先律)。这些'优良形式'的特征,是具有简单性、规律性、对称性、连续性、成分之间的邻近性等等。在场的假设中,这就是平衡以及最少量动作这些物理原理的一些效应(极值效应[extremum],如肥皂泡完形的情况:面积最小而体积最大），等等。还存在其他一些经过多方验证了的重要规律（如图形总是脱离背景的规律，即界限属于图形而不属于背景的规律等），可是，在我们的讨论里，只需举出前述这两条规律就够了。

"首先，我们要着重指出平衡作用这个概念的重要性。用了这个概念，就可以解释优良形式优先律，不必去用天赋观念做解释了：因为平衡的规律是具有强制性的（coercitive），事实上，用这些平衡规律就足以说明这些过程的普遍性，不必把这种普遍性归之于遗传性了。另一方面，作为既是物理过程又是生理过程的这种平衡作用，同时既是一个转换体系——虽然是很快的转换——在它调整时又是一个自主的体系：这两个性质，再加上整体性的一些普遍规律，就使'格式塔'适合于第一节里为结构所提出的定义了。反之，单是各种知觉的领域中，我们早就可以问：场的假说和随之而来的反功能主义的各种不同后果，是否足以说明种种现象呢？就大脑的场而论，皮龙（Pieron）曾指出过，如果把一次通常的似动实验〔译者按：指表面上看起来像是运动〕中的两个刺激，一个一个分别地向每一只分开的眼睛呈示出来，那么这个似动现象就不再产生了，因为这个理论原先假设会存在于两个脑半球之间的即时回路没有了。"[1]

"格式塔"把直接经验和行为作为自己的研究对象，其中直接经验就是现象经验，克勒将其等同于意识，指一个人直接感知到的知识经验，它同物理世界有时是相符的，有时是不相符的，彼此间可获得的一致的客观直接经验，是物理学的基础。另外，别人不能直接经验的自我感觉又被称之为主观直接经验。而对于皮亚杰，他确立了研究的对象不是包罗万象的经验知识，而是一种范畴形式，一种数学逻辑结构，如时空、因果、可能性、必然性、客体、整体、部分、类包含、序列等等。这些概念尽管不能对应于康德的范畴体系，但有极密切的联系。

[1] 皮亚杰.结构主义[M].北京:商务印书馆,1984.45—48.

因为在心理研究的元方法及对象本质的理解上具有共同的取向，因此，"格式塔"与皮亚杰有着极深的内在联系。可归为几点：第一，都主张既研究行为，又研究意识；第二，都强调心理活动和结构的整体性，反元素论和还原论；第三，都认为已构成的主体认识结构是认识活动的前提，并都强调主体在其认识发展中的作用；第四，都提出了类似的认识活动公式，完形学派的公式是"刺激—组织作用—对组织结果的反应"；而皮亚杰的公式是"刺激—同化—反应"。即不管是行为还是意识，作为实际呈现或发挥作用的，都是由部分间关系构成的整体。总之，他们共同站在了原子论的对立面。

（二）结构与智力发生理论

皮亚杰把智力定义为一种以活动为中介的适应，他认为每一种智力活动都包含了一定的智力结构，而智力结构包含有以下四个基本概念：

1.图式

"当然，人的结构并不是没有出发点的；如果说任何结构都是一种发生过程的结果的话，那么在事实面前应该决然地承认，发生过程总是从一个比较简单的结构向一个更复杂的结构的过渡，而且这样一个过程是按照没有止境的后退过程进行的（根据现有的知识）。所以，逻辑结构的构造过程，就有一些作为出发点的材料，但这些材料并不是最原始的，它们只表示是我们无法再往上追溯时所取作分析的开端；这些材料还不具备从它们当中将要抽象出来的东西，和在构造过程中以后要从它们产生的东西。这些作为出发点的材料，我们用一个总的名称'动作的普遍协调作用'来表示，意指一切感知—运动协调作用所共有的联系，而不先去对各种水平做细节的分析：无论是有机体的自发运动和无疑是从自发运动稳定了的分化作用所产生的那些反射；或者更进一步的反射的复合体，以及如新生儿吮乳这样的本能编码了的复合体，以及经过习得的习惯, 直到感知—运动性智力或手段性 (即工具性) 行为开始为止, 都包括在内。而在所有这些根源于天赋而后天获得分化的行为里, 人们从中可以又找到某些共同的功能因素和某些共同的结构成分。功能因素就是同化作用, 即一种行为主动产生并与新的事物整合成一体的过程 (例如, 婴儿吮吸拇指时就把这拇指整合在他的吮乳图式中), 以及种种同化图式对客体多样性的顺应作用。结构成分主要地就是某些次序关系 (在反射中的运动次序、在一个习惯里的那些反射的运动次序、在手段和所追求的目的之间的种种接合中的运动次序), 全部嵌套接合关系 (一个简单图式, 例如用手抓, 从属于另一个较复杂的图式, 例如把手拉), 和全部对应关系 (例如在再认性同化作用中的对应关系等)。" [1]

图式是皮亚杰结构理论的主要概念之一。如皮亚杰所说, "图式" 指主体动作的认识结构, 是人类认识事物的基本模式。皮亚杰指出, 凡能在行为中可以重复和概括的东西, 我们都可以将其称之为图式。他把图式假定为人们表征、组织和解释自己的经验和指导自己行为的心理结构, 最初的图式来源于遗传, 是一些本能动作, 例如, 初生婴儿在吸奶的时候, 会自然而然地将这种动作归于吸之类的动作。后来随着环境刺激的不断改变以及复杂化, 如婴儿在吸奶的时候, 开始接收到妈妈的声音, 开始感觉到妈妈的怀抱的姿态等等。这样一来, 最初的遗传性图式就开始拓展为多种图示的相互协调了。根据儿童智力发展的整个过程, 皮亚杰将其划分为感知运动图式、言语图式、具体运算图式和形式运算图式。

2.同化

"可是, 通过种种简单同化作用和相互性同化作用的变化, 这些初级协调形式从先于言语的感知—运动水平起, 就可以建立某些平衡了的结构了; 这就是说, 这些结构的调节作用已经保证在某种程度上的可逆性了。最值得注意的

---

[1] 皮亚杰.结构主义[M].北京: 商务印书馆, 1984.53—54.

两个结构，首先是实际位移群（位移的协调、迂回和转回），以及与位移群联系的不变因素，即从感知场出来、并在重新建立起它们的位移时能够再看到的客体的永久性；其次是在各种手段性的行为中起作用的、客体化和空间化的因果关系形式（利用支撑物或棍棒等把和主体有一定距离的物体拉到主体身边，等等）。所以在这个水平上我们就可以说到智力了，但这是一种感知—运动阶段的智力，还没有表象，主要与动作和动作的各种协调作用有关。"[1]

"适应表现为同化以及顺应两种形式。皮亚杰所下的定义是"刺激输入的过滤或者改变叫作同化；内部图式的改变，以适应现实，叫作顺应"。在他后期的重要著作《皮亚杰的理论》一书中，他更加详细地论述道："从生物学的观点来看，同化就是把外界元素整合于一个具体的正在形成中或已经完全形成的结构。""生物的同化如果没有它的对立面，顺应从来不会自身独立存在。我们把同化性的图式或结构受到他所同化的元素的影响而发生的改变称为顺应。"

3.顺应

"产生运算的阶段（7—10岁）是第三个阶段，然而是以建立在客体本身之上的'具体'形式表现出来的。例如：有运算性质的序列，有了包括在两个方向里的次序，这就产生了直到那时还不懂、或虽然已经看出但还不知道有必然性的那种传递性；带有把包含关系量化的分类；乘法矩阵；由序列和包含关系的综合而建立的数，和由划分和次序的综合而建立的度量；把在此以前一直是顺序化的大小数量化，以及有了量的守恒。这些不同运算所特有的整体结构我们称之为'群集'，即是某种不完全群（因为缺乏完整的结合律性质）或'半网'（有下限而没有上限，或者反过来有上限而没有下限。），尤其是它们的组成过程是不成组合系统地逐渐进行的。"[2]

---

[1]　皮亚杰.结构主义[M].北京:商务印书馆, 1984.54.
[2]　皮亚杰.结构主义[M].北京:商务印书馆, 1984.55—56.

皮亚杰认为:"智力在把某些新的因素纳入到先前的图式之中时,又不断地改变着这些后来形成的图式,以便调整它们,使之适应新的情况。但反过来讲,事物从来不是在自身的基础上的认识的,因为这种适应活动只有依靠与同化过程相反的过程才能实现。"因此,如果在认识发展中仅有同化作用,儿童的认知结构就不会有质的发展,图式的质变或者更新则依赖于主体与客体交流时的所谓的"顺应"来完成。顺应即指主体改造已有的图式以适应新的情境。如婴儿从吃奶变成吃饭,这就需要改变原有的机体动作,采取新的动作,从而适应环境。在这个过程中,儿童的智力结构也就得到了不断发展。因此,与同化相比较,皮亚杰认为,顺应具有革新的意义。

4.平衡

"可是,在对这些结构进行分析的时候,人们不难辨认出,这些结构完全来自先前的结构,反映抽象提供了结构的一切成分,平衡作用成了运算可逆性的来源,它们是在这双重作用下得来的。于是,我们就一步一步地看到了真正的结构建立起来,因为这些结构已经是具有'逻辑性'的结构了。可是,这些结构与先前的结构相比虽然是新的,作为结构组成成分的转换却是从造成这一结构的那些转换得来的,只是因为它们有平衡了的组织而与那些转换有所不同。

"但是,这还不是一切;反映抽象的新的集合导致了对先前的运算进行新的运算,所以没有增加任何新的东西,只是一次重新组织。但是,这次重新组织是非常重要的:一方面,在概括综合种种分类后,主体就达到了把种种分类结合成一种分类(二次幂的运算):称为组合系统(la combinatoire),从而产生了'部分的整体'和布尔(Boole)网;另一方面,把类'群集'的可逆性所特有的逆向性(A-A=0)和关系'群集'所特有的互反性相协调,这就导致了INRC四元群的建立。"[1]

───────────────

[1] 皮亚杰.结构主义[M].北京:商务印书馆,1984.56.

平衡是指同化与顺应作用两者的平衡。顺应和同化在所有活动中都出现，但它们之间的比率会经常改变，当同化胜过顺应时，就会出现自我中心主义的思想，甚至表现为我向思维；而当顺应胜过同化，则会囿于环境，只能忠实地仿效当时作为模型的物体或人物的形式和动作，使个体流于模仿，失去创造性。只有同化与顺应处于平衡状态，才能发展认识。可以说，同化与顺应是一对矛盾统一体，没有同化就没有顺应，没有顺应也就没有同化，通过个体的同化与顺应两种适应形式，从而达到机体与环境的平衡。并且同化与顺应的这种平衡总是处于动态之中，平衡总是暂时的，并非绝对静止或者最终的。一般而言，总是某一水平的平衡成为另一较高水平的平衡运动的开始，在平衡—不平衡—平衡的过程中，儿童的智力结构得到了最终的发展。

四、结构主义和哲学

结构主义常年遭受来自马克思主义者的责难，自结构主义诞生起至结构主义兴盛的20世纪60年代，双方学者的辩论从未停止过。辩证法是二者争论的焦点。马克思主义者普遍认为结构主义天生便具有反辩证法的性质。

苏联学者科兹洛夫斯基在《结构主义哲学及其辩证法的性质》中说道："决定着结构主义的反辩证法性质的基本特征就是在对现象的评价上忽视历史的态度；把矛盾从社会结构中排除出去，把它们归结为外在的孤立的对立面，这些对立面互不相容并且阻止发展；否定下部结构和上部结构、经济和政治、意识形态的相互作用；最后，把客观条件（被说成是不可认识的）对人的作用绝对化，即歪曲客观的东西和主观的东西的实际的相互关系。"皮亚杰在他的《结构主义》一书中也发表了自己对辩证法的看法。

（一）辩证法的性质

辩证法是什么? 到底有没有辩证法? 如果有辩证法, 那么它的性质是什么? 当代哲学家们对此持截然相反的两种态度: 一种是对辩证法持怀疑、批判甚至否定的态度, 这以波普和本格为代表。例如, 波普说过:"我认为显然应当十分慎重地使用'辩证'这个词。也许最好是根本不用这个词——我们可以总是使用更清晰的试错法的术语。"本格则断言:"唯物主义是真理, 尽管它还有待于发展; 然而, 辩证法却是模糊的且同科学疏远的。""辩证的原则是含糊的和不确切的","辩证法是以含糊的、隐喻的术语加以表述的","辩证法是对智力的损害"。

另一种态度是承认有辩证法, 并以这样那样的方式构造辩证法的模式。但这些辩证法派别林立, 甚至彼此之间相互冲突。例如当今有代表性的辩证法是:"批判的社会理论"的辩证法、南斯拉夫实践派的"创造辩证法"、存在主义的辩证法、结构主义辩证法、解释学的辩证法等等。

那么, 皮亚杰对辩证法的态度如何呢? 在皮亚杰的后期著作中, 他明确地把他所称的"内在的(方法论的)辩证法"(immanent or methodological dialectics)与"哲学辩证法"(philosophical dialectics)加以区分。他贬低哲学辩证法, 认为"这种辩证法企图为科学是什么(或应该做什么)立法", 或者把科学当作"知识"的一种低级形式。他认为, 黑格尔在他的《自然哲学》中是这样做的, 后来萨特和梅洛庞蒂也这样做了。虽然在萨特所运用的"辩证思维"里, 其主要构成成分是建构论以及建构论的推论——"历史决定论","不过, 在萨特那里, 这些并不是辩证法的产物: 它们只是一种存在主义的残余, 它是仍然带有哲学性质的辩证法还没有能够去掉的一种存在主义的尾巴。"然而在某些东方国家, 马克思主义的辩证法本身也可能有两种形式: 一种是权威式的, 这是一些年老而有雄心的哲学家们所主张的, 他们形成了一个集体, 指导如何进行这种科学的学程；另一种是内在式的，它关心于用一种比较积极的方式来区别一切科学成长或发展的各种内在倾向。在皮亚杰看来，辩证法可能发挥两种功能：或者辩证法确实是一种普遍的方法，或者它也和其他任何一种哲学一样，难免变成一种教条主义哲学。因为，"如果把辩证法抬高到仿佛是哲学的高度，使之起监督的作用，从而使辩证法成为关于自然、社会和思维发展最普遍规律的科学"，那么辩证法自身的发展是否很快就会停顿下来，就是说，辩证法是否就有丧失其特有的辩证性的危险性？

皮亚杰认为，如说辩证法是一种方法（产生于康德学说而后又为黑格尔和马克思等人发展了的方法），那么它就应当完全承认，它能够洞察存在着发展和结构的一切知识领域，且辩证法甚至在看来与它相距甚远的学科（如数学）里，能开辟这种发展的前景。虽然不能说什么"自然辩证法"，或者断言物理领域存在着"矛盾"，是人们能在生物学、心理学和社会学中找到内在的（方法论的）辩证法最明晰的范例。因为在这些领域，不平衡、再平衡，或普遍的调节机制，特别是自动组织化，构成一种人们能以"冲突"和"扬弃"的辩证法术语加以分析的因果性；无论何时涉及到具有规范活动的主体或具有常态和变态双重可能性的有机体，"矛盾"的概念都有意义。皮亚杰进一步指出，甚至当我们在没有矛盾和没有规范的冲突时，我们仍然有黑格尔式的"正反合"模式的例子。即是说，当存在着"历史的发展"并因此出现"逐渐的平衡"——或者在相反的因素之间，或者在肯定和否定的性质之间的情况下，就涉及到"辩证的过程"。

依皮亚杰之见，心理学在全部科学系统中居中心地位，这不仅因为它是一切其他科学的产物，而且因为它能够对其他科学的形成和发展做出解释。由于"儿童心理学能使我们不是抽象地而是在儿童们过去生活和现在生活的辩证法之中，追踪各结构的逐步发展。"也就是说，在儿童的心理发生过程中，人们可以观察到辩证过程贯穿于思维和行动的各个方面，因而皮亚杰欣赏并使用的正是这样一种辩证法："在心理发生发展的心理学中，关于以前运算和感知运动调节为基础的智慧运算的起始的研究，关于不平衡或矛盾的作用，以及通过新综合和扩展而实现的平衡的恢复。"一句话，所有以认知结构的逐渐构成为特征的建构主义，在没有常见的直接相互作用情况下常常与辩证的解释有关。就建构主义而言，"因为有历史发展、对立面的对立和'矛盾解决'等特有的标记，人们是不能不承认它有辩证性质的。"然而"在人们专心致志于结构的研究而贬低了发生、历史和功能的情况下，当所研究的不是主体本身的活动时，这就必然要和辩证思维的种种中心倾向发生抵触。"

总之，皮亚杰的辩证法是从发生心理学（儿童心理学）的具体研究成果出发，再进一步做出的总结和概括。这就是为什么他在科学道路上走了一个相当长的历程后（即1950年后）才开始专门研究辩证法问题（其最后成果是《辩证法的基本形式》，出版于他去逝后的1980底）的原因。在皮亚杰那里，辩证法是主体活动（涉及到发生、历史和功能）的辩证法，是主体和客体相互作用（涉及到对立、否定和矛盾及其解决等）的辩证法，是所有科学本身所固有的辩证法，因而是一种"内在的（方法论的）辩证法"。

（二）辩证法的构成要素

我们先看看皮亚杰对辩证法的内容的总体理解。在他看来，一切辩证过程都有两个组成部分即对立和相互依存。也就是说它包括两个方面：一方面是分离法则（统一性中的二重性），这是指差异的内在根据（或者是矛盾的"形式运动"）；另一方面是整体法则（二重性中的统一性），这是指联系的必然性（或者是矛盾的"形式结构"）。总之，统一体内部对立面本质上的两极性是运动发展的"普遍逻辑"。然而皮亚杰认为，以黑格尔为代表的传统辩证法有一个根本的缺陷，这就是"否定的预先规定性"（predetermination of negation）。在黑格尔那里，一个概念包括着自己的以静止状态预先形成或预先规定的对立面。这就是说，"否定"发生在矛盾发展之初。皮亚杰指出，这正是黑格尔的错误所在，实际上就是"反辩证法"。

皮亚杰的大量实验研究表明：一开始，人的心灵只是在自发地集中肯定（affirmations）上，以及客体、动作甚至运算的肯定特征上。这是因为人们能实实在在地看到特性a的存在，但不能看到它的非存在（−a）。例如，"在知觉水平上，只有肯定的特征被感知，否定不是出现在知觉中的过程。人们能感知到一个客体不再在人们以前看见过它的地方，或者不在它通常的地方，这一事实在一定意义上是真的。但是在这种情况下，这些并不是纯知觉：它们是应预期而做出的观察。这种预期像观察一样依赖于整个活动，因而超出了严格意义上的知觉领域之外。"实验证明，肯定（顺运算）比否定（逆运算）能更快、更容易地被儿童所掌握。一般来说，认识发展之初表现为对立面之间自动的辩证融合，而不发生可被分析的相互作用。随着亚系统的分化，矛盾就出现了。例如，当把一个矮而粗的杯子里的水倒入另一个高而细的杯子时，儿童一会儿说水增多了，因为水位高了；一会儿又说水减少了，因为水面比刚才缩小了。这类矛盾，对于五、六岁的儿童来说，超出了他们证实水和杯子之间相互作用的能力，他们还不能证实对立的亚系统之间已确立了新的相互依存关系。

与黑格尔的"否定的预先规定性"相反，皮亚杰把"否定"理解为（具有自己的构成途径的）辩证构成过程的产物，同时也理解为"构成辩证法的途径"。这就是说，否定不是构成过程的根本动力，而仅仅是这一过程的结果之一，它本身需要通过扬弃才能被构成。因此，概念的每一个构成活动，都包括它的对立面，但这就需要去进行构成活动，而不是像黑格尔那样去推导出已有的属性。例如，要理解否定概念，人们必须懂得，对于具有特征a的类A 来说，有一个具有特征−a的互补的类A′。然而，为了理解这一点，人们必须懂得一些关系，诸如

A+ A′ =B; B−A=A′; A−A′ =B。因而为了理解否定,人们必须懂得类之间的某些运算转换;皮亚杰宣称,事实上,只有当人们建构了充分的运算结构时才能理解否定。这类运算转换不是出现在发展之初,而是需要不断的建构。

在解释与否定相关的"矛盾"概念时,皮亚杰写道:"当人们分析〔矛盾〕时,就会自然地发现,它们是使用过于普遍和意义不明的概念的结果,往后的进步将排除这种模棱两可,或者是使用被设想为比自身更普遍的(不是错误的)概念的结果,以至于在这些概念被扩展的新领域需要修正或进一步分化。于是在所有这些情况下,可能看出的是:矛盾事实上不是来源于后来被确认为不充分的或非普遍的概念或原则的肯定特征,而是本质上来源于这样一个事实:除引入限制、部分的否定或不相容性仍然是必要的之外,要分辨出这个界限恰好在哪里是困难的和不可能的。换句话说,对于任何特征a(例如连续性)来说——在这里,否定-a(团粒结构或晶体结构等等的非连续性特征)有同样共同的意义。问题是,在新的然而尚未得到发展的领域,当肯定特性a似乎是强加自己的时候,在多少和在什么范围上确定任何未预料到的事实归属于-a领域。清楚的是,肯定和否定的平衡过程,对于所有发展着的思维从其起初整个早期儿童水平的试探性阶段,一直到可能以过渡的状态和发明(这是在危机或复新时期的最高科学进展所固有的)为特征的转换和停滞来说,怎样存在着普遍的问题。事实是,其变量的数目越多,人们在确定如下问题时所面临的困难也就越多:是否新事实b与或多或少普遍的特征a是相容的,或者,是否(在或短或长的期间内)它产生否定-a"。

由此看来,矛盾最一般的定义是肯定和否定之间不完全的补偿。例如,让儿童用积木建造一些形状不同但体积相同的房子。这里涉及到两个反向的亚系统(指高和底面积)。根据补偿法则(高与底面积的转换),在保证总体积不变的条件下实现综合。但只是到了七、八岁时,儿童才开始懂得在同一个体积的条件下高和底面积之间具有"可逆性"关系。而在这以前，儿童往往以为，一座房子的体积只取决于它的高度，因而在他们在回答里就出现了种种"矛盾"。

在皮亚杰看来，量的守恒、转换和补偿等概念，都同"可逆性"有关。"可逆性"意味着一切顺运算（如加法）都包含着逆运算（如减法）的属性，即包含其"对立面"的属性。那么对于个体来说，什么时候开始意识到矛盾？皮亚杰发现，发展中的个体往往在开始只看到有利的事实，直到相当晚才看得到矛盾。但这是为什么？不能说他们在意向上是非逻辑的或非理性的——似乎他们是有意忽视那些令人为难的事实；也不能仅仅归咎于"情感无意识机制"——似乎这种机制致使他们看出他们想看到的东西，压抑否定的事实或证据，而是以潜在的认知发展机制为基础的。皮亚杰指出："常常发生的是，最终注定要排除先前已接受的理论的新事实，起初在那一理论的框架中往往不被理解。于是，在证实事实上先前理论的连贯性本身受到威胁成为显而易见的之前，在这期间导致对先前理论的一系列修正。在这种情况下，证明矛盾的存在——尽管是在事件之后是相当容易的。"这样，"对于图式之间的矛盾的意识直到主体能够超越矛盾的水平上才能产生。"所谓"超越矛盾的水平"，即人们能够把否定的事实整合（同化）进更丰富的概念格式中去的理论水平。总之，为了充分估价否定的事实（或证据）的意义，就需要更进一步的理论建构，例如，引入新概念或更恰当地分化旧概念这样的建构。

科学家的行为正是如此。他们往往容易看出他们的理论引导他们预期某一特性的出现。但是为了看出他们没有预期到的东西，就需要后继的理论建构，这种建构能把他们落空的预期同化进去。如果确实是直到否定随后被建构成人们才能估价它，那么对于科学家来说，当他们起初没有看到矛盾时，他们的行为不是非理性的或可避免的某种东西，而最终将导致更适当的行为。所以，科学合理性的产生是作为其长期发展本性的结果。

皮亚杰辩证法除了否定、矛盾这两个具有核心意义的构成要素外，还包括平衡过程、阶段、整体论、认识主体与认识客体之间的关系、科学之环、反身抽象、必然性等重要的辩证概念。例如，"反身抽象"的辩证性表现在：早期和低级阶段的因素和结构被抽象，然后被投射或反映到更高的（高级的）认知平面上。它有三个层次：首先，抽象就意味着一种活动或一种运算的存在；第二，这种活动必须经过（物理学意义上的）反映，即被投射到另一个平面上——投射到与实际活动相反的思维平面上，或者投射到与具体思维水平相对立的抽象的系统化水平上；第三，必须通过思维即（心理学意义上的）"反省"，对先前以粗糙或直接的形式显现于主体的某种东西进行重新调整。这种重构过程具有新的组合，它允许先行阶段或先行水平的任何运算结构整合于更高水平的较丰富结构。这就是辩证的反身抽象过程。

总之，在皮亚杰看来，辩证法的本质方面是：存在着真正的发生和发展，而不仅仅是变化。当然，并不是认识过程的所有方面都是辩证的，只有认识的发生过程（而不是认识活动的状态）是辩证的。认识的发展包括辩证的阶段和推断阶段（此阶段只不过提供一些已知的知识，因而不具有任何辩证性）的相互交替。这种发展通过不同的阶段而呈现出来，后期阶段（综合）比早期阶段是更适当的。也就是说，发展是朝着更合理的、更可理解和更适当的整体前进。在此过程中，早期阶段的某些方面被否定，某些被保留，但总是以源起自早期阶段的新形式而出现。

五、其他学科对皮亚杰结构主义的影响

（一）生物学的影响

皮亚杰最初是一名生物学家，并且一直保持着对生物学的浓厚兴趣。他一直

在试图寻找一条从生物学到认识论的桥梁，虽然发生认识论的核心是儿童发展心理学，但是皮亚杰一直认为儿童心理学不过是他从事思考时在方法论上的一个插曲和他的事业的副产品。他的目标是以生物学的方法探讨认识论的问题，可以说，没有生物学，就没有发生认识论。可见生物学在皮亚杰理论中的地位。

皮亚杰理论中的许多概念直接来源于生物学，如同化、顺应等。此外，皮亚杰研究认识的方法论也取自于生物学。在当代理论生物学中存在着渐成论（epigenesis）和预成论（preformationalism）两种观点的对立。渐成论强调胚胎的发育是基因模型和环境作用相互影响的结果，而预成论则认为胚胎发育是基因模型预先决定的，环境不起作用。皮亚杰吸收了渐成论的观点，认为儿童智力的发展是先天因素和后天因素共同作用的结果，并认为生物的机能和结构与认知的机能和结构之间具有"同构"（siomorphism）的关系。

（二）数学和逻辑学的影响

皮亚杰不仅从生物学中汲取有益成分，也从数学和逻辑学等学科中寻找研究工具。他使用符号逻辑来研究儿童的智慧活动，借以说明儿童的逻辑的、数学的、物理的概念的起源。他运用数理逻辑中的运算、对称、可逆等概念来研究儿童思维的发展，并用符号逻辑作为工具探讨形式运算阶段思维过程的特点。皮亚杰认为心理学家有了符号逻辑的工具，就像掌握了统计学一样，对心理学的研究具有重要帮助。

六、对皮亚杰结构主义的评价

（一）皮亚杰结构主义的教育意义

皮亚杰的结构主义对教育的目的、教育原则、教育方法、教育内容、教育环境、教育过程、教育评价和教师培训都有精辟的见解。

1. 关于教学目的和教育目的

皮亚杰关于教学目的的基本原理是在批判传统教学的若干问题时提出的。他在《教育科学和儿童心理学》一书中讨论教学远未解决的一系列问题时指出，其中一个中心问题就是尚没有解决好"教学的目的是什么？是积累有用的知识？是教学生去学习？是教学生去创新、了解以及生产任何有关领域内的新东西？是教学生怎样核查，怎样证实，或是只教他们重复背诵？等等"。他指出，人们规定教学目的往往是根据成人的社会需要，把儿童看作和成人一样，以为儿童和成人具有一样的逻辑推理，而只是缺乏成人所拥有的知识和经验，所以教学只需要给儿童灌输知识就可以了。他以为，教学目的不仅仅是让儿童获得成人社会的知识，同时还应该使他们通过自身的创造性努力和实践活动，使他们未来的社会生活的内容更为充实和进步。虽然皮亚杰在教学目的的具体规定中强调培养儿童的主动获得知识的能力，但他也反对那些片面强调儿童本身的能力和自发活动，甚至完全废弃系统知识教学的错误主张，而是强调在培养儿童各种能力的同时，也不能放松系统科学知识的传授。

关于教育目的，皮亚杰应用他的认识发展心理学于教育上，认为教育的目的在于促进儿童的发展——促进儿童各个认识阶段的智慧的发展。他把使学生具有逻辑推理能力和复杂抽象概念的能力，当作教育的最高要求。他说，教育的主要目的是造就能创新的、而不是简单重复前人已经做过的事的人。他说，"教育的总目标是培养能够创新的人，而不是培养只会跟在前辈后面亦步亦趋的模仿者。也就是培养会创新、会发明、会发现的人。教育的第二个目标是：树立会批评、会鉴别的思想，而不是树立不加选择地接受一切的思想。"他说，"智慧训练的目的是形成智慧而不是贮存记忆，是培养出智慧的探索者，而不仅仅是博学之才"，这种人能有所创造、发明和发现。同时他也认为，"教育就是使个人适应于周围的社会环境。"

2. 关于教育原则

第一，重视智力原则。皮亚杰强调教育要优先发展儿童的智力和推理能力。他认为，儿童的智力的形成是一个连续的过程，是一个从低级到高级的发展过程，而不是先天遗传的。教育的目的是要培养和开发儿童的智力。

第二，准备性原则。皮亚杰主张不能让儿童进行任何他在心理上还没有准备的学习，认为学生只有有了准备，才能进行有效的学习。如何在教学实践中具体贯彻准备性原则呢？我们可以从其理论中发现一些观点。

首先，不应该教给儿童那些明显超出其认知发展阶段的材料。比如算术教学中的数概念和加、减运算等，它们都是具体运算智慧的成就。因此，我们只有向那些处于具体运算或向具体运算过渡的儿童，即处于"准备状态"下的儿童讲述这些内容，才能使他们理解。而前运算的儿童因为还不具备同化这些信息的必要的认知结构，因此，不能从这类教学中受益。他们从事这类学习，只能死记硬背，进行机械学习。

其次，教师应该努力避免试图从外部人为地加速儿童对某种问题的认识过程，不能把学习速度视作学生学习好坏的唯一指标。他认为，学生对内容的彻底掌握比速度快慢更为重要。我们如果企图使习得具有持久和牢固性，就必须让儿童经历一个"错误的"和"缓慢的"阶段，而不应该期待他像成人那样进行逻辑的推理。皮亚杰对加快学习的看法也与其他人不同。他说，加快学习大概是可能的，但是不可能指望有极大的加速。

再次，向儿童教授新概念，应该尽可能按其自发的认识过程的顺序进行。只有这样的教学才可称作是建立在发展基础上的教学。皮亚杰学派进行了大量的实验研究，为我们提供了关于概念自发发展次序的知识。

第三，因材施教原则。强调准备性，在教学方法上必然要因人施教，因为儿童，尤其是处在前运算阶段向具体运算阶段过渡时期的儿童，准备性可能各不相同。这种不同就是个别差异。根据他的理论，教师应该针对每个儿童准备性的特点来制定适合每个人的个别化教学程序。而且，在教学过程中，应该随时判断学生学习的效果，及时修改程序。

第四，主动操作原则。皮亚杰认为，在儿童的智力发展过程中，动作起了重要的作用。所谓的动作，指儿童自己对实物的动手操作活动。只有使儿童自己主动地投入各种具体的活动，和实物进行真正的接触，才可能认识主体和客体的关系，获得真正的知识，形成自己的知识建构。

第五，互助协作原则。皮亚杰认为儿童之间的相互影响是儿童发展的重要源泉。"儿童如果不同他人进行思想交流和合作，就无法把他的运算组成一个连贯的整体"。他指出，儿童之间的相互合作跟成人之间的合作同样重要。如果儿童不了解彼此相对的立场和观点，那么他们将长久地停留在本质上是自我中心的立场。儿童之间彼此交流，互助协作，可以使儿童顺利地融入儿童群体或社会群体之中，从而在群体中实现同化和顺应。

3. 关于教育方法

皮亚杰在他的著作里，对旧的、传统的教育方法进行了批判。他所倡导的新方法与传统的方法的对立就在于儿童的主动性与被动性的对立。他指出，旧的、传统的教育方法实际上是要从外界接受已经十分完善的知识与道德的成果。这对学生来说，学习就成为成人世界强加在他们身上的练习，或是一种模仿外在世界的动作；道德教育就是要学生服从，而不是从内心培养儿童的自主性。在对新方法的论述中，皮亚杰首先回顾了教育史上各个历史时期的教育家对教育方法的见解，并指出，在他们的见解中就有"新教育方法"的因素。如：苏格拉底的启发式的问答法；拉伯雷主张儿童观察自然并参与实际生活；卢梭主张儿童在大自然中学习；裴斯泰洛齐把学校视为一个真正的社会，主张学生自发的活动;福禄倍尔关注对儿童的感官教育;赫尔巴特企图使教育方法适应于教育规律;以及詹姆士、杜威和蒙台梭利夫人对新教育方法的见解。从皮亚杰理论中可以发现哪些具体方法呢?

第一,活动教学法。对皮亚杰"活动"概念的理解,多数学者认为,皮亚杰的"活动"概念比"实践"概念在含义上要广。他所指的活动不仅包括人的有意识的活动,也包括人的本能活动;不仅包括主体能动地改造客体的活动,也包括客体对主体的强制所引起的活动。其中很多活动是包括了教育因素在其中的,因为这些活动都是为着一个目的:促进儿童各个认识发展阶段的智慧的发展。因此,活动就成为儿童认知发展的最重要途径和最直接根源。所以,他强调儿童要"高度活动",主张让儿童通过参加各种活动,放手让儿童动手动脑探索客观事物,通过儿童自己的活动及自己的协调,逐步形成、发展、丰富自己的认知结构。这就像织网一样,活动越多,经纬线交错越缜密,认知结构同化外来信息的功能就越强大。但在活动中,不能过多地拘泥于一事一物的记忆,否则就会得不偿失。

第二,自我发现法。根据皮亚杰的理论,只有儿童自我发现的东西,儿童才能积极主动地将其同化,从而对事物产生深刻的理解。因此,在教育过程中,教师应当改变传统的灌输法,而应教会学生学会自我探索,自己寻求到问题的答案,而不是教师过早地告诉他们。教师在实际运用自我发现法时,不要去错误地引导学生走向教师早就设想好的答案,这样的发现是虚假的发现。

第三,认知冲突法。这种方法也可叫新颖法,就是让儿童去学习那些和自己已经具有的知识不同的新鲜事物。当儿童探索新事物的时候,由于自己没有现成的知识结构可以去同化,只好运用已经具有的知识和经验去探索新事物,获得新知识,以达到内部的认知平衡。

第四,同伴交往法。同伴交往法旨在让儿童在群体之中通过交往、交流、合作来受到教育的方法。皮亚杰一贯重视儿童之间的互教，认为小伙伴之间的相互影响，也是认知发展的重要源泉。由于人是具有社会性的动物，与同伴交往不仅可以获得认知的发展，而且也获得感情的满足。如果儿童不和同伴交往，就不会学会与人相处和合作，缺乏了解不同思想和观点的机会，其认知就会受到局限。所以，教师应该避免让儿童孤立于群体之外。

4. 关于教育内容

同样的，皮亚杰对传统教育的批判也反映在对教育的内容上。他指出，在教学大纲和教科书中，应该删除那些对于社会、对于生产和生活来说是无用的东西的。在教学内容改革中，皮亚杰也提到学生负担过重的问题。他认为，由于知识和技术的持续发展，人们要跟上这些时代的潮流，而又不至于忽视学生的根本文化修养，就会导致教学计划令人不能容忍的负担过重。

5. 关于教师培训

皮亚杰非常重视教师培训，并对中小学师资的培训提出了自己独到的见解。"师资培训的问题乃是一个关键的问题，如果这个问题解决了，……一切问题便都可以迎刃而解了。"他认为，搞好基础教育、培训科技人员、发展职业教育，都是与师资培训这个问题相联系的。教师地位很重要，不是人人都可以做老师的。皮亚杰对小学教师培训更有深刻的认识。他认为，不能因为小学教师所教的是小学，教学内容比较浅、易于传授，而只需对他们进行低于中学教师的培训。这样的考虑可以说是教育行政部门的思维方法，但是如果从心理学认识论的观点出发，小学教师则应当与中学教师在同一档次的学校中进行培训。因为，从吸收知识的难度与这种知识在客观上的重要性这个双重观点来看，儿童愈小，对他教学就愈难，而对于幼儿的教学未来的后果就愈有影响。皮亚杰认为，在教育改革中，如果没有足够数量的老师，任何教育改革计划必定失败。因此，培训合格的教师是十分重要的。对老师的要求，除了掌握本门学科渊博的知识，还应该对他们进行心理学、教育学和专门学科的教学法的训练。因为教师只有吸收这些学科的研究成果，才能把当代教育科学所取得的成果运用到学校教育实践中去。教师在教学中要运用先进的教育科学知识，才能提高教学质量。否则就会出现"用最古老的教育方法去教最先进的学科"。

6. 关于教育环境

在影响儿童认知发展的因素中，皮亚杰认为良好的环境对儿童的心理发展起决定性作用。"教育就是使个人适应于周围的社会环境。"而良好的教育环境必须以与儿童心理发展的客观规律相适应为条件。他认为，学校教育是在特殊环境下进行的特殊活动，是影响儿童发展的各种因素的组成部分。学校教育能否对人的发展起主导作用，不仅取决于它本身的水平，而且还取决于它与其他环境、活动间的协调。因此，学校教育不仅要为学生创造适宜的环境，更要组织好他们的活动。

皮亚杰认为，在儿童发展过程中，先天和后天是相互影响的，其中，环境为人的智力发展提供了必要的养料，正如它为人的身心发育提供养料一样。儿童不仅仅会利用环境刺激来供给自己智力发展的需要，这种发展还必须调整自己以适应特定的具体环境。儿童的各种学习，多少受到他们所生活的特定的社会和地理环境的限定。跨文化研究的结果表明，儿童们为了保证自己的智力获得发展，总是选择距离他们最近的环境，正如全世界的儿童都在利用不同的饮食条件，来完成身心发育的任务一样。与此同时，具体特定的环境刺激条件又决定了儿童思维的内容。这同样在跨文化研究中得到了证明。

7. 论教育过程

皮亚杰虽然没有直接论述教育过程，但是他强调教育过程必须与智力发展阶段相适应，即教育过程具有阶段性，认为这是由于各种发展因素之间的相互作用，使儿童思维发展具有阶段性的必然反映。各阶段的出现，从低级到高级，有一定次序,不能逾越,也不能互换。教育过程必须遵循由低到高、由简到繁的次序,针对不同智力发育阶段的特征,施以相应的教育。在感知运动阶段,要注意早期教育,及时给婴儿提供多样化的、能吸引他们观察的物体;实施促进儿童动作发展的训练。在前运算阶段,主要通过观察、测量、计算、讲故事等活动培养幼儿的初步科学观念。在具体运算阶段,主要通过教学活动,培养儿童的各种科学的基本逻辑概念和逻辑分类能力。在形式运算阶段,可以进入更高层次的抽象的教育内容。在具体教学中应遵循直观—记忆—理解—操作的顺序进行教育。

8. 关于教育评价

皮亚杰认为,教育未成为科学,表现在传统教育未能提供正确的评价方法。他非常看重对儿童发展水平的评价,认为这是教育实践中必须解决的问题。在他看来,正确的评价必须是客观的;同时,对发展的评估要兼顾内化建构和外化建构两个方面,尤其以内化建构的逻辑水平更为重要。他确信认知发展阶段理论和实验是最好最准确的发展评定方法,因为他的认知发展阶段是根据儿童不同的逻辑水平划分的。皮亚杰反对标准化的考试,认为它在教育实践上起了不好的作用,对教育是有危害的。他甚至把学校考试说成是"名副其实的教育瘟疫",认为它毒害师生的正常关系,有损师生工作和学习的愉快心情和彼此间的相互信任。他批评学校的考试是依赖记忆力而不是学生的构造能力。正是由于学校把标准化考试作为评价重点,教师和学生都为了一个虚假的分数而奔忙,老师不去关注学生真正的活动和人格,学生也没有足够的时间发挥自己的潜力。而实践证明,学校考试的分数对于学生今后有意义的工作,几乎没有多大联系。

皮亚杰还认为,对发展的评价是一个连续的过程,应该把考试的方式改变为对儿童完成各种作业的客观记录,教师再根据这些记录去评价儿童的发展水平。对儿童发展水平的鉴别，皮亚杰认为传统的方法也是无济于事的。因为它无法正确评价儿童是否处于学习某种概念的最佳准备状态。对儿童发展水平的确切评价是有效教学的关键。因此缺少适当手段或不以某种科学的儿童发展心理学为评价工具的教育，是不符合真正的教育科学的。

（二）对皮亚杰结构主义的批评

作为一种涉及面颇为广泛的哲学文化思潮，结构主义在20世纪对语言学、文艺学、人类学、心理学、社会学等诸多人文社会科学都产生了影响。但同样的，从结构主义诞生之日起，对其的批评也是不绝于耳。皮亚杰作为结构主义的代表人物自然是无法幸免。和其他的结构主义者一样，皮亚杰所受到的批评一般主要来自方法论的层面：

结构主义天生就具有反辩证法的性质，这引起了众多辩证唯物主义学者的愤怒。他们对结构主义进行了方法论上的批判。基本上，众多学者对于皮亚杰结构主义方法论的批评主要集中于以下三点：

1. 关注事物、现象内部诸要素之间的联系，但缺乏探求事物、现象之间联系的观念

结构主义在结构体内部诸要素之间联系的研究上达到了相当深度，也注意到将要素放在结构整体中进行考察。但是，在唯科学主义的影响下，结构主义结构观推崇"主体移心化"，认为结构是自足的，致力于内部结构关系的研究便能够把握结构的本质，这种片面的封闭式研究显然不符合唯物辩证法的普遍联系观点。马克思主义者认为，联系不仅普遍存在于事物、现象内部诸要素之间，还普遍存在于事物、现象之间，结构主义在客体内部结构研究方面做出了一定贡献，但在研究中由于对主体、环境的排斥造成了它严重的片面性。实际上，完全封闭自足的结构体是不存在的，以语言为例：语言系统总是在吸收

现实交际所需的新词,同时淘汰一些失去交际功能的旧词,语言是在社会中产生、发展的,语言与社会有极其密切的关联,脱离了社会,脱离了使用语言的言语社团,是不可能全面认识语言系统的本质的。又如,结构主义文论家认为文学性就是文学语言组织形式的特殊性,虽然他们的陌生化、反讽、隐喻、转喻、叙事结构等理论深化了对文学形式的研究,但由于没有考虑内容对形式的决定作用,且割裂了文学文本同社会生活、作者、读者的多维联系,存在显著的理论缺陷。

2. 重视二元对立式区分,但缺乏辩证眼光

结构主义对二元对立模式给予了高度重视,也概括出不少具有一定理论价值的二元对立组,如"语言/言语""共时/历时""隐喻/转喻",等等,但这些二元对立项之间并非只有对立关系,相互关系上也有各自的具体特点,而结构主义将其中的对立区别加以绝对化,忽视了其间的联系。例如,索绪尔认为:"语言学的唯一的、真正的对象是就语言和为语言而研究的语言。"然而,语言单位和言语单位之间存在千丝万缕的联系,词典中的词是语言单位,一旦进入句子被纳入具体的交际语境,就成为言语单位;语境中的句子是言语单位,而从不同语境中抽象出来的句子又成了语言单位,这种"语言单位/言语单位"的动态转化过程和结果无疑属于语言学的研究对象。在"共时/历时"的区分中,索绪尔认为语言要素只有在共时平面上才能构成系统,贬低了历时研究的价值,这导致结构主义思潮中非历史主义的错误观点。事实上,语言系统的要素和整体都处于不断变化之中,纯粹倚重于共时态研究显然违背了唯物辩证法的发展观点。系统并不仅仅存在于共时态中,从旧系统发展到新系统,这个过程本身也有规律,形成历时系统,对共时系统和历时系统的研究不应被分割开来。雅柯布森区分了语言运转的两种修辞机制:隐喻和转喻。前者以相似关系为基础,如"鹅毛大雪",着眼于物质形态方面的相似性;后者以相关关系为基础,

如"吃火锅",用容器指代容器中的事物。隐喻关系源于相似体的聚合,转喻关系源于相关体的组合。雅柯布森还认为,诗歌体裁基本上运用隐喻机制工作,而小说体裁基本上运用转喻机制工作。雅柯布森强调二者的区别和"非共现性",而没有注意到文学作品中二者同时发生作用的情况,如《诗经·摽有梅》中的诗句"摽有梅,其实七兮",写梅之渐落,这与女子到了待嫁之年确实有相似之处,但在功能上并不是要将"女子到了待嫁之年"形象化,所以并不属于"比"的手法,而是要以此带出女子急于成婚的迫切心情,这种心情显然和"女子到了待嫁之年"具有因果相关关系。《诗经》里大量的起兴手法都综合运用了隐喻和转喻机制。

3. 追求"精密范式",但带有强烈的唯科学主义色彩

英国文论家伊格尔顿曾结合20世纪初欧洲的时代背景对结构主义的产生给以精辟的解释:"结构主义想借助于英语文学中主要作家的神话来逃避当代历史。"而从方法论层面上看,结构主义又与唯科学主义颇有渊源。唯科学主义认为:"自然科学方法应该被应用于包括哲学、人文和社会科学在内的一切领域。"自然科学和人文社会科学应当互相吸收彼此的科学方法,但是,这种吸收不能是无条件的、机械式的照搬,而必须充分考虑各自研究对象的不同特点。自然科学以自然客体为研究对象,就认识自然客体的本质而言,自然客体与主体之间的联系是一种外在的、非本质的联系,自然客体的先在性、自在性决定了自然科学在认识自然客体的过程中需排除主体因素。而人文社会科学以人文客体、社会客体为研究对象,人文客体、社会客体都是作为主体的人的实践产物,并在实践中运动、发展,因此,必须联系主体才能认识人文客体、社会客体的本质规律。就量化手段在研究中的重要性而言,自然科学与人文社会科学也存在显著差异。当然,人文社会科学内部也有不同,如哲学、伦理学、法学、文学等都属于上层建筑中的意识形态层面,而语言学则与自然科学、逻辑学同属非意识形态

的社会意识, 兼具人文社会科学和自然科学的一些特点, 从这一点看, 结构主义方法论发端于语言学并不是偶然的。列维·斯特劳斯在《结构人类学》中认为, 结构主义语言学、音位学"像原子物理学对于整个精密科学那样", 将会对人文社会科学起到一种广泛而深刻的"革新作用", 这一与历史发展不符的评价显然反映了不考虑学科特殊性、忽视人文内涵的唯科学主义观念。结构主义在20世纪60年代后迅速衰落, 历史已经证明了其理论生命力的匮乏。

下篇 课程改革引领者——布鲁纳

第一章 杰罗姆·西摩·布鲁纳生平

杰罗姆·西摩·布鲁纳（Jerome Seymour Bruner, 1915—至今），出生于纽约。1937年获美国杜克大学学士学位。1938年转哈佛大学主修心理学，1941年获心理学博士学位。布鲁纳在哈佛大学主要致力于人的感知觉研究，师从当时哈佛著名的生理心理学家拉希里（karl S Lashley）。哈佛大学当时刚刚成立心理系，心理学工作者在系主任波林（E. G. Boring）的领导下主要进行有关动物的学习与知觉研究。布鲁纳的研究也与这一总体的研究方向相吻合，如布鲁纳于1939年和麦克洛奇（McCulloch T. L.）一起在美国《心理学杂志》上发表了"电击对小白鼠随后学习的影响"一文。

第二次世界大战时，布鲁纳转向社会心理学研究，并应征到盟军最高司令部艾森豪威尔总司令部担任心理福利事务工作。他曾撰写了有关纳粹（Nazi）宣传技术的博士论文，发表了一系列有关舆论宣传的文章，如"宣传的范围：对美国人的德语短波广播"（1941）、"公共舆论与美国的外交政策"（1944），"公众的舆论与和平"（1944）、"公众的舆论和世界的秩序"（1945）等。1945年布鲁纳返回哈佛大学，继续从事心理学研究工作。1947年他发表了"论价值和需要在知觉中的组织作用"一篇有意义的文章，认为价值和需要对人的知觉有着深刻的影响。这项研究选取贫穷儿童和富裕儿童作为两组被试，让他们对硬币的大小进行估计判断，结果发现贫穷儿童往往比富裕儿童更倾向于过高地估计硬币的大小，由此布鲁纳得出结论：价值和需要有力地影响到人们的知觉，而且人们往往通过使他们的知觉同他们过去的经验相一致而获得意义。布鲁纳紧接着还发表了"作为知觉中的组织因素的紧张和紧张解除"一文，指出人们能够用减少环境的惊奇性的方法来看待世界，从而使其心理紧张有可能得到解除。在此期间，布鲁纳通过对知觉问题进行研究而在心理学界崭露头角。20世纪50年代，他一改当时在美国心理学中占主导地位的行为主义研究的传统，对人类获得知识和智力发展的能力进行深入的认知探索，这对于促使认知心理学的系统化及其与学科规则的一致性起到了很大的作用。由此，布鲁纳在心理学认知研究中占有一席之地，并为美国认知学派的形成奠定了基础。

1952年，布鲁纳升任哈佛大学心理学教授。这期间，他在认知过程的实验研究方面取得了很大的进展，对人类的知觉特性、概念获得以及思维过程进行了全面的探索，为认知心理学的理论体系的确立做出了卓越的贡献。50年代末，布鲁纳组织召开了全美伍兹霍尔教改会议，并根据与会专家的观点、意见，编写出版了其代表作之一：《教育过程》（1960）。从这本书的内容来看，它主要是布鲁纳根据伍兹霍尔促进中小学数理学科的课程改革会议所做的总结报告修改而成的。该书的出版在50年代后半叶美、苏两国科技竞争激化，注重科学技术，注重智力开发的潮流下，引起了轰动。布鲁纳也因此蜚声全球。这本书出版后很快传播到苏联、日本、西欧等地区，先后被译成23种文字，这对随后各国掀起的教育改革运动产生了重大影响。西方教育界称此书为"划时代的著作"。

20世纪60年代初期，布鲁纳积极参加美国教育改革的领导和指导工作。1960年布鲁纳协助哈佛大学建立认知研究中心，并任主任。哈佛大学认知研究中心在20世纪70年代一直领导着美国乃至全世界心理学研究的潮流，当今认知心理学的繁荣与这些早期的研究是分不开的。他一改美国当时行为主义动物研究的传统，主张对自然情境中的人进行研究。作为经验论者，他注重从观察数据入手，然后在数据中得出结论。并认为想要了解儿童是如何在学校情境中进行学习的，就应当直接对教室里的儿童进行研究，而不是通过对笼子里的白鼠和鸽子进行研究来推断学生的学习情况。随后布鲁纳还出版过一系列的教育论著，对教育中所涉及的心理学问题展开了广泛而又深入的研究。他所提出的发现学习理论对于提高学生解决问题的能力和发展学生的智力具有重要的作用；他所创立的"结构主义教学论"成为三大流派之一（另两派是指，以苏联著名心理学家、教育家赞科夫为主要代表的"教学与发展"实验教学论派，以德国著名教育家M·瓦根舍因等为主要代表的"范例教学论"）。

1965年布鲁纳当选为美国心理学会主席，并一直在哈佛大学工作到1972年。1972年至1980年任英国牛津大学瓦茨实验心理学教授。80年代初布鲁纳回到纽约，在纽约大学法律学院兼职，主要从事文化心理、民族心理、语言心理和法律心理等方面的研究工作。布鲁纳的卓越研究工作受到世人的称赞。1963年美国心理学会（APA）授予他杰出科学贡献奖。在美国教育界，人们还将布鲁纳与著名的教育家、哲学家杜威相提并论，如蔼格珍（Havpeis Magazine）曾说过："布鲁纳也许是杜威以来第一个能够对学者们和教育家们谈论智育的人。"美国教育家杨（Young E.L）则指出："布鲁纳已经用实验解决了杜威所提出的某些相当混乱的哲学观念。"

第二章　布鲁纳的主要著作

从1939年至1996年，布鲁纳已发表论文、论著多达300余篇，这些论著主要涉及动物的学习、社会舆论、媒体宣传、人类的知觉、思维、概念获得、学校学习与教学改革、儿童智力的发展、认知成长与完善、语言心理、文化心理、民族心理以及法律心理等。

布鲁纳的主要代表作有：

《思维研究》（1956），这是布鲁纳早期进行认知研究的一部重要著作。它主要包括布鲁纳对概念获得问题进行研究所取得的一系列成果，其中布鲁纳论述了概念与属性，概念获得的过程，以及概念获得的策略等问题。

《教育过程》（1960）是布鲁纳的教育论著主要代表作之一。全书综合了1959年全美伍兹霍尔教改会议上学者、专家们的不同意见，提出了著名的结构论教育思想。

《论认知》（1962），本书是布鲁纳60年代初所进行的认知研究的论文集，全书由10篇论文组成，主要论述了创造的条件，发现的行动，以及人类行为的控制等问题。

《教学论探讨》（1966），本书是布鲁纳根据自己60年代上半叶所写的八篇论文修改而成的一部教育论著，可视为是对早期著作《教育过程》的延续或补充，他试图从教学的角度论述如何促进学生智力的发展问题。

《教育的适合性》（1971），本书是布鲁纳60年代下半叶针对美国教育实际所写的论文集。全书共包括9篇文章，其中前5篇主要论述了智力、认知、直觉和发现过程等问题，后4篇着重论述了文化环境等社会因素对人的认知发展的影响。

《有意义的行动》（1990），本书主要内容是对几十年认知革命进行的反思，指出了认知革命的初衷，以及认知探索如何被技术化、计算机化，从而失去了研究者最初致力于寻求意义，对人的高级心理过程进行探讨的美好愿望。

《教育文化》（1996），是布鲁纳20世纪90年代撰写的论文的集成，在这本书中布鲁纳集中论述了文化环境对教育的影响，从更广泛的范围内来探索文化、语言、价值乃至法律对人类智力成长的影响。

第三章　《教育过程》

布鲁纳《教育过程》一书，是他对1959年美国"全国科学院"在伍兹霍尔召开的改革中小学数理学科的教育会议内容的总结。《教育过程》一书分"引论"部分和继"引论"部分的正文，共五章。五个题目分别是：

结构的重要性——布鲁纳提出了学习行为的目的在于："不但应该把我们带往某处，而且还应该让我们日后再继续前进时更为容易。"

学习的准备——布鲁纳提出了一个"思考课程本质的一个必要的假设"，他说："任何学科的基础都可以用某种形式教给任何年龄的任何人。"

直觉思维和分析思维——布鲁纳指出："过去，在教学中只注意发展学生的分析思维能力，今后应重视发展直觉思维能力。"

学习的动机——布鲁纳认为："学习的最好刺激，乃是对所学材料的兴趣，而不是诸如等级或往后的竞争便利等外来目标。"

教学辅助工具——布鲁纳认为，即使广泛使用教学辅助工具，"教师在教学过程中仍然成为主要的辅助者"。

下面就分别从这些方面对本书做评介。

布鲁纳基于结构主义心理学，从学习理论发展史的分析入手，强调课程改革的核心是有关"学科的结构"，即学科的基本概念和原理。在他看来，由于历史上的教育知识观存在"特殊技能"与"一般技能"的二元观点，使人们忽视了那种能训练学生掌握复杂知识的基本结构的研究。

近二十年关于学习与迁移本质的研究说明，普遍迁移的训练可使人"学会如何学习"。这个研究成果，促进心理学家重新重视一般理解的学习与迁移，并再度产生对一般课程和课堂教学的兴趣。而许多科学家也重新投入到他们各自领域里中小学的课程设计和教学法研究工作中来，并注意学科的结构问题。

一、引论

"每一代人对于如何设计他这一代人的教育，都有一种新的愿望。正在形成作为我们这一代标志的，可能是广泛地重新出现的对教育质量和智育目标的关切，但又不放弃这样的理想，即教育应作为训练民主社会里平衡发展的公民的手段。实在说，我们美国的公共教育已达到这样的水平，能使我国人口中相当一部分人对于直至最近只为专家们所关心的问题感到兴趣；这些问题是：'我们将教些什么？达到什么目的？'这种新的精神或许也反映着我们这个时代的深刻的科学革命。这一趋势的加强是由于国家安全中几乎必然长期存在的危机，而这种危机的解决将有赖于受过良好教育的公民。

"这种对教育质量和智育目标重新出现的关切，它所表现的一个地方，就是中小学的课程设计。这项工作在几个方面取得了显著的进展。许多大学的学者、科学家和在各自学科里做出卓越成绩的知名人士，空前规模地参加到课程的发展工作中来了。他们为中小学准备的教程，不但反映了自然科学和学术上的新成就，而且也体现了对教育工作的性质的大胆设想。

"这种工作的主要目的在于编写出有效的教材，也就是既重视内容范围，又重视结构体系的教材。在这种工作中所表现出来的大胆和想象，以及它初步取得的非凡成果，激励了关心学习本质和知识传授的心理学家们。伍兹霍尔会议召开重新考察学习过程的本质及其与教育的关系，并且考察当前课程研究在哪些方面对我们的学习和教学的概念引起了新的问题。我们将教些什么? 什么时候教? 怎样教法? 哪种研究与调查可能促进课程设计工作的日益发展? 强调学科的结构(数学也好, 历史也好), 以便尽快地使学生理解一门学科的的基本思想, 其含义究竟如何?

"要了解变动着的教育舞台上目前在课程工作方面所做的努力的意义, 需要谈一下历史背景。在过去半个世纪里, 美国大学、研究院的兴起, 非常强调高深的学习和研究。这样发展的一个结果, 乃是第一流的学者和科学家们同中小学各门学科的教学, 甚至同大学生的基础课程的教学, 出现日益脱节的现象。中小学学生同学术新领域科学家的主要接触, 是经由像米利肯这样著名的科学家或者像比尔德和康马杰这些有声望的历史学家偶尔给中学编写的教科书来达到的。然而, 站在学术最尖端的学者, 虽然他们能对他们各自从事的学术领域的实质性改革做出极大的贡献, 但通常都不参与中小学课程的发展工作。结果, 在中小学教学大纲里经常出现不适当或不正确地处理当代的知识, 我们也就无法从杰出的学者、聪明而熟练的教师以及对教学有专门研究的人们三方面的共同努力中, 获得好处。现在, 这种趋势似乎颠倒过来。美国许多最有声望的科学家重新投入到他们各自领域里中小学课程的设计、准备教科书和实验演示、制造影片与电视节目等等工作中来了。" [1]

《教育过程》一书, 布鲁纳是从国家与社会的长治久安以及不断发展的高度立论, 认为国家的安全与富强有赖于受过良好教育的公民。教育作为训练民主社会里平衡发展的公民的手段, 应关注于如何设计对下一代的教育。1958年苏联宇宙飞船的发射成功, 使苏联成为美苏称霸世界竞争中的赢家, 这也给美国的教育科技工作带来了很大的压力和紧迫感。这种大的社会背景助长了美国的教改运动, 使教育方面的有关专家开始对美国的教育质量以及智育的目标进

---

[1]　布鲁纳.教育过程[M].北京: 文化教育出版社, 1982.23—25.

行反思。因此，美国开始经历一场波及全国上下的教改运动。当时很多杰出的科学家，像物理学家、数学家、生物学家和化学家都在进行新的课程设计工作。如在科罗拉多州，一批杰出的数学家正在为中小学编写新的教科书；在堪萨斯城，一批一流的生物学家在摄制用于十年级生物课程的影片等。当时美国的各学术团体正在探索杰出的学者与学校的教育工作者的联系方式，由此我们不由想起现在的中国课程改革，也是由学者和一线的教育工作者联合所进行的课程改革。在这种情况下，当时美国教育委员会认为对全美整个教育改革局面进行评价的时机已经成熟。各方面的专家包括进行课程改革的各学科专家，有代表不同观点的心理学家（如行为主义观点、完形观点、心理测量观点、日内瓦学派等），还有各专业的教育家（如教师、院长、视听专家）等在1959年来到美国科德角的伍兹霍尔，讨论如何改进美国中小学自然科学的教育问题，会期长达十天之久。促成这次会议的原因是，全国科学院的教育委员会当时确信美国各地正处于积极地建立科学教育的课程和教学方法，并取得了一定的进展时期，为了更好地指导未来教育的发展，需要进行总体的讨论。

从当时的历史背景来看，当时美国心理学正处于由行为主义向认知观转变的大环境中，他在《教育过程》中也反映了这一观点，也认为这种转变是一场认知革命的一部分，正是在认知观转变中，布鲁纳形成了自己的结构主义教育观。总体来说，布鲁纳用结构、准备、直觉和兴趣四个题目说明自己的结构主义教育观。

"在19世纪末，心理学所描述的学习过程这个概念，逐渐从强调一般理解的产生转移到强调特殊技能的获得，这是耐人寻味的。'迁移'（transfer）的研究提供了典型事例——关于从掌握某一特殊学习任务中所取得的成果对其他活动的掌握有所裨益这一课题。早期的研究工作，着重研究形式训练（formal discipline）的迁移，即研究从分析、判断、记忆等等这些'官能'（faculties）的训练中所获得的价值，而后来的工作则倾向于探究相同因素或特殊技能的迁移。结果在本世纪头四十年间，美国心理学家就较少从事那种能训练学生掌握复杂知识的基本结构或意义的研究工作。实际上，关于学习和迁移的本质，近二十年的全部实验证据已经表明，虽然原始的形式训练理论是拙劣地依据官能训练来说明的，但适当的学习能造成大量普遍的迁移，甚至达到如此程度，即在最适宜条件下恰当地学习可使人'学会怎样去学习'，这确实是事实。这些研究重新激起人们对学校里那类复杂学习——试图对教材结构产生一般理解的学习——的兴趣。结果，在研究学习过程的心理学家中间，再度产生对一般课程问题的兴趣。

　　"掌握事物的结构，就是以允许很多别的东西与它有意义地联系起来的方式去理解它。简单地说，学习结构就是学习事物是怎样相互关联的……

　　"学习结构经常是无意识的。这个性质，也许能在人们学习本族语中得到最好的说明。儿童在掌握了一句话的微妙结构之后，他就能根据这个句型，很快地学会说出许多其他语句，虽然在内容上与原来所学语句不同。再者，儿童弄通了变换一些句型而不改变它们的意义——'狗咬人'与'人被狗咬'——的规则之后，他就能更广泛地变换他的语句了。但是，儿童尽管有使用英语结构规则的能力，他们肯定还不能说出这些规则是什么。"[1]

　　布鲁纳被认为是结构主义教育观的代表者。布鲁纳强调学生要学习各门学科的"基本结构"，即各种基本概念、基本原理以及它们之间的规律和联系。对学科结构的认识是布鲁纳教学理论的前提和基础，而学科结构要发挥作用的心理机制是学习能力的迁移。布鲁纳认为，学习是类别及其编码系统的形成。迁移就是把习得的编码系统用于新的事例。布鲁纳认为，只有掌握了学科的基本结构即基本原理，才能更深刻地理解这门学科；只有把具体的事物放到知识

---

[1]　布鲁纳.教育过程[M].北京：文化教育出版社，1982.27.

的结构里去，才容易记忆和便于运用；掌握了基本结构，才能举一反三，有助于理解其他类似的事物。例如，学生在学习代数时，如果掌握了交换律、分配律和结合律这三个基本法则所体现的思想，那么他就能认识到，他以后所要解的"新"方程并不是什么"新"东西，其实都是这三个基本法则里学过的东西。又如布鲁纳在上文中所举的事例：儿童在掌握了一句话的微妙结构以后，他就能很快地学会说出许多其他同类型的语句，虽然在内容上这些语句与原来所学语句不同。从心理学上来看，掌握"结构"对于今后的学习和工作比只掌握个别事物更为有利。知识的运用，在心理学上就是"迁移"的问题。布鲁纳认为，先前的学习对后继的学习和日后的工作更为有效的迁移是"非特殊迁移"，即原理和态度的迁移。他说：一个人"学到的观念越是基本，几乎归结为定义，则这些观念对新问题的适用性就越宽广"。因此，后人将其与奥苏伯尔的认知理论联系起来，命名为"结构迁移理论"。

二、结构的重要性

"任何学习行为的首要目的，在于它将来能为我们服务，而不在于它可能带来的乐趣。学习不但应该把我们带往某处，而且还应该让我们日后再继续前进时更为容易。学习为将来服务有两种方式。一种方式是通过它对某些工作（这些工作同原先学做的工作十分相似）的特定适应性。心理学家把这种现象称为训练的特殊迁移；也许应该把这种现象称作习惯或联想的延伸。它的效用好像大体上限于我们通常所讲的技能。已经学会怎样敲钉子，往后我们就更易学好敲平头钉或削木片。毫无疑问，学校里的学习使学生掌握了某种技能，这种技能可以迁移到以后不论在校内或离校后所遇到的活动上去。先前学习使日后工作更为有效的第二种方式，则是通过所谓非特殊迁移，或者，说得更确切些，原理和态度的迁移。这种迁移，从本质上说，一开始不是学习一种技能，而是学习一个一般观念，然后这个一般观念可以用作认识后继问题的基础，这些后继问题是开始所掌握的观念的特例。这种类型的迁移应该是教育过程的核心——用基本的和一般的观念来不断扩大和加深知识。

"由第二种类型的迁移即原理的迁移所产生的学习连续性，有赖于掌握前面所讲的教材的结构。这就是说，一个人为了能够认识某一观念对新情境的适用性或不适用性，从而增广他的学识，他对他所研究的对象的一般性质，必须心中有数。他学到的观念越是基本，几乎归结为定义，则这些观念对新问题的适用性就越宽广。"[1]

布鲁纳认为，教育应指向未来，学习行为的首要目的在于它将来能为人们服务。如布鲁纳在上文中指出的那样，学习不但应该把我们带往某处，而且还应该让我们日后再继续前进时更为容易。为此布鲁纳特别强调学习的非特殊性迁移，也就是原理和态度的迁移。这种迁移注重首先进行一般概念、原理的学习，使这些概念原理成为后继学习的基础。后继学习是这种一般概念、原理的特例。布鲁纳认为非特殊性迁移是教育过程的核心。学生在基本和一般的观念的基础上不断扩大和加深知识。

布鲁纳还指出，非特殊性迁移的长期效果依赖于教材的基本结构。学生起初学到的观念越是基本，这些观念对新问题的适用性就越宽广。因此，布鲁纳认为学校课程、教材的编制和教学方法的选择应同所教学科里基本观念的教学密切结合起来。这里首要的问题是如何编制课程，使其能够既清楚、准确地反映学术领域的基本原理，同时又使它能由普通的教师教给普通的学生。

布鲁纳强调学生的认知结构在学习中的作用，对新课程改革背景下我国的教学具有启发意义。新课程课堂教学中教师首先应明确学生认知结构包含哪

---

[1]　布鲁纳.教育过程[M].北京：文化教育出版社，1982.36—37.

些组成要素；接着要分析教材，明确学科所包含的基本概念与原理之间的相互关系，学科知识结构与学生原有认知结构之间的关系；最后要根据学生年龄特点和身心发展的规律、学习风格和原有的认知水平来有效选择知识结构呈现的方式。教师究竟选用哪一种知识结构呈现的方式，则要根据学生的知识背景和学科的性质来定。教师要把科学的学习方法教给学生，帮助他们形成合理的认知结构，引导学生不断改进自己的认知结构。教师的课堂教学要讲求教学内容的精练性，让学生掌握的不仅是具体知识，更主要的是学科的基本概念、基本原理，培养学生的特殊迁移，使其养成科学学习的态度。

"首要的和最明显的问题是怎样编制课程，使它既能由普通的教师教给普通的学生，同时又能清楚地反映各学术领域的基本原理。这个问题是双重的：第一，怎样改革基础课和修改基础课的教材，给予那些和基础课有关的普遍的和强有力的观念和态度以中心地位。第二，怎样把这些教材分成不同的水平，使之同学校里不同年级不同水平的学生的接受能力配合起来。

"关于忠实于教材基本结构的课程的设计问题，过去几年的经验至少已使我们得出一个重要的教训，这个教训就是：必须使各学科的最优秀的人才参加到课程设计的工作中来。

"即使按照前面指出的方向进行大规模的课程改革，至少还有一个重要问题需要解决。掌握某一学术领域的基本观念，不但包括掌握一般原理，而且还包括培养对待学习和调查研究、对待推测和预感、对待独立解决难题的可能性的态度。

"要在教学中培养这些态度，就要求比单纯地提出基本观念有更多的东西。靠什么来完成这样的教学任务呢？这需要做大量的研究工作才能知道。但看来，一个重要因素是对于发现（discovery）的兴奋感（sense of excitement），即由于发现观念间的以前未曾认识的关系和相似性的规律而产生的对本身能力的自信感。曾经从事于自然科学和数学课程设计工作的各方面人士,都极力主张在提出一个学科的基本结构时,可以保留一些令人兴奋的部分,引导学生自己去发现它。"[1]

从上一部分我们可以看出,布鲁纳认为反映学科基本结构的教材的编制主要涉及两个问题:一是重视教材基本结构的课程设计问题,而学生在学习这些教材的时候,还要在教学过程中培养学生对待学习和调查研究,对待推测和预感,对待独立解决难题的可能性的态度。布鲁纳在《教学过程》的39-40页也列举了数学和社科学科的两个教学实验来验证自己的观点;二是布鲁纳认为要科学安排学科的基础知识,使其符合儿童的兴趣和能力,也就是布鲁纳所说的怎样把这些教材分成不同的水平,使之同学校里不同年级不同水平的学生的接受能力配合起来。布鲁纳倡导的这样的教学方法被称之为发现法,其在今天仍然具有非常可取的现实意义,对我国的基础教育课程改革大有借鉴意义。我国正在探讨的研究性学习方法和探究式学习模式,类似于发现法,它们能调动学生参与学习过程的主动性。发现法启发我们,在教学过程中,应强调学生的主体性与参与性,同时强调教师的主导作用。教师要善于创设恰当的问题情境,激发学生的好奇心和求知欲,引导学生围绕一定的问题,依据所提供的材料主动而有兴趣地思考、探索和研究问题。在教学过程中教师的角色发生了转变,从知识的传递者转变为学生建构知识的促进者和支持者。教师应本着"以学生为本,因材施教"的思想,充分发挥学生学习的主动性、积极性和创造性。教师要创设宽松的课堂氛围,创设民主、和谐、积极、活泼的教学情境,多给学生思考、提问和发言的机会。

"至少有四个有助于教授学科基本结构的一般论点,这些论点需要进行详细的研究。第一点是,懂得基本原理可以使得学科更容易理解。第二点要涉

---

[1]　布鲁纳.教育过程[M].北京:文化教育出版社,1982.37-39.

及人类的记忆。关于人类的记忆，经过一个世纪的充分研究，我们能够说的最基本的东西，也许就是，除非把一件件事情放进构造得很好的模式里面，否则就会忘记。详细的资料是靠简化的表达方式保存在记忆里的。这些简化的表达方式，具有一种特性，可以叫作'再生的'（regenerative）特性。学习普遍的或基本的原理的目的，就在于保证记忆的丧失不是全部丧失，而遗留下来的东西将使我们在需要的时候得以把一件件事情重新构思起来。高明的理论不仅是现在用以理解现象的工具，而且也是明天用以回忆那个现象的工具。第三，正如早些时候所指出的，领会基本的原理和观念，看来是通向适当的'训练迁移'的大道。把事物作为更普遍的事情的特例去理解——理解更基本的原理或结构的意义就在于此——就是不但必须学习特定的事物，还必须学习一个模式，这个模式有助于理解可能遇见的其他类似的事物。一种仔细地形成的理解同样也应该使他能认识概括的限度。把'原理'与'概念'作为迁移的基础这个观点原不是新的观点。非常需要更多的专门研究，以提供怎样在不同年级中最好地进行不同学科的教学的详尽知识。

"经常反复检查中小学教材的基本特性，能够缩小'高级'知识和'初级'知识之间的差距。这是要在教学中强调结构和原理的第四个论点。现在由小学经中学以至大学的进程中所存在的部分困难，不是由于早期所学材料过时，就是由于它落后于该学科领域的发展太远而把人引入迷途。这个缺陷，可以依靠在前面讨论中所提出的在教学中强调结构和原理的办法来弥补。" [1]

通过这四点布鲁纳论述了学科结构的基本作用。即在教学过程中，突出学科基本结构，把基本的观念首先传授给学生，可以使学科更容易理解、有助于记忆、促进迁移、缩小知识之间的差距。布鲁纳提到的基本结构就是学科的基本概念和内在的规律性。这些基本结构反映了事物之间的联系，他强调选择学

─────────

[1] 布鲁纳.教育过程[M].北京:文化教育出版社,1982.41-43.

科的基本结构来教学生，有助于学生理解和掌握基本概念、基本原则，有助于学生记忆，有利于学生举一反三、触类旁通。学生应积极参与知识的建构，从整体上来掌握知识，把握事物之间的普遍联系，而不是掌握零散的经验知识与个别结论；只有掌握基本概念和原理，知识才更易于理解和接受。

"结构主义"并非布鲁纳所独创。他的思想来源于皮亚杰的结构主义发生认识论思想。皮亚杰是瑞士著名的心理学家，他认为儿童智慧（思维）的发展是通过儿童的认知结构与外界环境之间的相互作用而逐步发展的。他强调教育应按照儿童的认知结构和他们的不同发展阶段来进行，教的材料应适合不同年龄阶段儿童的发展特点并以适合的方式教给学生。教学可提前使学生掌握某些基本概念，课程内容设置的系统化和条理化很重要，并且还要考虑智慧动作和认知结构之间的相互关系。皮亚杰的这些思想深深地影响了布鲁纳，他吸取了皮亚杰的结构发展理论的观点而形成了自己的结构主义教育思想。

三、学习的准备

"我们一开始就提出这个假设：任何学科都能够用在智育上是正确的方式，有效地教给任何发展阶段的任何儿童。这是个大胆的假设，并且是思考课程本质的一个必要的假设。不存在同这个假设相反的证据，反之，却积累着许多支持它的证据。

"为了搞清楚含义是什么，我们来考查一下三种普通的观念。第一种，涉及儿童智力发展的过程；第二种，涉及学习的行为；第三种，则和前面介绍过的'螺旋式课程'这个概念有关。

智力的发展

"皮亚杰和其他一些人的著作中提出，一般来说，儿童的智力发展可以划分为三个阶段。第一阶段，不需要我们详述，因为这主要是学前儿童表现的特征，这个阶段，大约到五、六岁为止（至少就瑞士的学龄儿童来说是如此的），儿童的脑力活动主要是建立经验和动作之间的联系；他关心的是依靠动作去对付世界。这个阶段大致相当于从语言的开始发展到儿童学会使用符号这段时期。在这个所谓前运算阶段（preoperational stage），使用符号的主要成就是儿童学会怎样凭借由简单的概括而建立的符号去重现外部世界；而事物由于具有某些共同性质而被看成相同的。但是，在儿童的符号世界里，并未将内部动机和感情作为一方与外部现实作为另一方之间划分清楚……发展的第二阶段——此时儿童已经入学，称为具体运算阶段（stage of concrete operations）。这个阶段叫作运算阶段是同前一个阶段全是动作相比较而言的。运算是动作的一种形式：它之得以实现，是直接依靠用手操作物体，或是在头脑内部操作他头脑中代表事物或关系的那些符号。运算大体上是记取现实世界的资料并在头脑里加以改造的一种手段，由于这种改造，才能在解决难题时有选择地组织和运用这些资料。可是，具体运算尽管受类别逻辑和关系逻辑的指导，但它是只能构思直接呈现在他面前的现实的一种手段。儿童能够赋予遇到的事物以一定的结构，不过，他还不能够轻易地处理那些不直接在他面前，或事前没有经历过的可能发生的事物。这不是说，儿童在进行具体运算时没有能力去预料不在眼前的事情。的确，他们并不具备系统地想象在任何指定时间内所能存在的、非常广泛的交替可能性的运算能力；他们不能有系统地超出所提供的知识范围外去描述可能发生的其它情况。十到十四岁左右，儿童进入发展的第三阶段，这便是日内瓦学派所谓的'形式运算'阶段（stage of 'formal operations'）。

"此刻，儿童的智力活动好像是以一种根据假设性命题去运算的能力为基础，而不再局限于他经历过的或在他面前的事物。儿童能够想到可能有的变化，甚至会推演出后来通过实验或观察得到证明的潜在关系。智力的运算似乎是根据像逻辑学家、科学家或抽象思想家所特有的那种逻辑运算来做的。正是在此刻，儿童有能力对先前指引他解决难题但不能描述或无法正式理解的具体观念，予以正式的或公理式的表达。

"早些时候，当儿童处在具体运算阶段时，他能够直觉地和具体地掌握数学、自然科学、人文科学和社会科学的许多基本观念。可是，他能这么做，只是依据具体运算罢了。可以举例说明如下：五年级儿童能够仿照非常高等的数学规则玩数学游戏；真的，他们可以归纳，得出这些规则，还学会怎样利用它们来工作。然而，如果有谁硬要他们对他们已经在做的工作进行正式的数学描述，他们将会心慌意乱，尽管他们完全能够利用这些规则指导自己的行为。

"教授基本概念最重要的一点，是要帮助儿童不断地由具体思维向在概念上更恰当的思维方式的利用前进。可是，试图根据远离儿童思维样式且其含义对儿童来说又是枯燥无味的逻辑进行正式说明，肯定徒劳而无益……

"可是，儿童的智力发展不是像时钟装置那样，一连串的事件相继出现；它对环境，特别对学校环境的影响，也发出反应。因此，教授科学概念，即使是小学水平，也不必奴性地跟随儿童认知发展的自然过程。向儿童提供挑战性的但是合适的机会使发展步步向前，也可以引导智力发展。经验已经表明：向成长中的儿童提示难题，激励他向下一阶段发展，这样的努力是值得的。"[1]

从这里我们可以看出布鲁纳对于儿童智力发展的认识受到了皮亚杰的影响。从以往我们对于皮亚杰著作的介绍中，我们可以看出运算是皮亚杰研究儿童智力发展的指标。在皮亚杰看来，思维有两个方面，一是模拟，二是运算。运算是一个可以内化、可逆的动作结构，它具有转换和自我调节的特点。对运算的研究，实质上是对知识转化机制的研究。通过对运算的研究，皮亚杰揭示了智力的发展是主体通过同化、顺应、平衡而实现运算结构的不断构造和重组的

[1] 布鲁纳.教育过程[M].北京：文化教育出版社，1982.49—54.

过程。而布鲁纳研究智力的主要指标是表征。正是通过表征，布鲁纳找到了把教学理论与学习和发展理论联系起来的结合点。布鲁纳在《教学论探讨》的第一章成长的模式中详细地介绍了关于儿童智力发展阶段论的观点。

学习行为

"学习一门学科看来包含三个差不多同时发生的过程。第一是新知识的获得（acquisition）。新知识，往往同一个人以前模模糊糊地或清清楚楚地知道的知识相违背，或者是它的一种替代。至少可以说，是先前知识的重新提炼。

"学习的第二个方面，可以叫作转换（transformation）。这是处理知识使之适合新任务的过程。我们学习'揭露'或分析知识，把它安排好，使所得的知识经过外插法（extrapolation）、内插法（interpolation）或变换法（conversion），整理成另一种形式。转换包含着我们处理知识的各种方式，目的在于学得更多的知识。

"学习的第三个方面是评价（evaluation）：核对一下我们处理知识的方法是不是适合于这个任务。概括得恰当吗? 外插得合适吗? 运算得正确吗? 教师在帮助学生进行评价中常常具有决定性的作用。但许多评价的做出，仅靠似真性（plausibility）的判断，不能够真正严格地检验我们的努力是否正确。

"在学习任何一门学科时，常常有一连串的情节（episode），每个情节涉及获得、转换和评价三个过程。光合作用可能合理地包括生物学里一个学习情节的材料，这个情节是更广泛的学习（例如通常关于能量转换的学习）的一部分。学习情节运用得最好时，可以反映以前已经学过的东西，而且可以举一反三，超过前面的学习。

"一个学习情节，时间可长可短，包含的观念可多可少。学习者愿意一个情节持续多久，这取决于此人期望从他的努力中获得什么，是为了获取像等第这样的外部事物，还是为了提高理解能力。

"我们经常通过控制学习情节来安排教学,以适应学生的学习能力和需要。其方法如次:缩短或延长情节;采取表扬或给以金星的方式增加外来的奖励;在学生对材料充分理解时老师像演戏似的用惊异的神情加以肯定。一门课程中的单元意味着承认学习情节的重要性,尽管许多单元拖得很长而且没有理解上的高潮。关于怎样在不同学科里为不同年龄的儿童非常高明地设计合适的学习情节,研究之贫乏实在令人诧异。许多问题需要根据仔细的研究来予以回答,我们现在来讨论其中的一些问题。

"首先是,外来奖励和内在奖励之间的平衡问题。关于学习中奖励和惩罚的作用,已经有过许多论著,但是对兴趣和好奇心的作用以及发现的诱惑力,却很少论及。如果我们希望教师能使儿童习惯于愈来愈长的学习情节,那么,在详尽的课程计划中势必更要注重把加速认识和领会作为一种内在奖励的形式。有个方法议论得最少,这个方法就是引导学生学完艰难的教材单元。这个方法的目的是要鞭策学生竭尽全力地学习,使他得以发现圆满而有效地完成任务的愉快。好教师懂得这种诱惑的力量。学生应该领会专心致志地研究问题是什么感觉。他们在学校里很少能体验到这种感觉。通过在课堂上专心致志地学习,有些学生就能把这样的感觉带到他独立进行的工作中去。"[1]

就学习某一门学科的某一基本观念和基本原理来说,存在着一个新旧基本观念和基本原理的联系问题。布鲁纳认为新知识的获得是与已有的知识经验、认知结构发生联系的过程,是一个主动认识、理解的过程。在此过程中,新知识同已有知识有各种各样的关系:可能同学生已有的知识相违背,或相替代,或是先前知识的重新提炼。通过"同化"或"顺应"使新知识纳入学生已有的认知结构中或形成新的认知结构。布鲁纳认为学习包括获得、转换和评价三个环节,通过获得环节新知识完成对旧知识的重新组织和提炼,而形成的新的

[1]　布鲁纳.教育过程[M].北京:文化教育出版社,1982.61—63.

认知结构还要经过转换过程。转换是指分析和概括新知识，使之与新任务相适合，形成一种更有利于学得更多知识的知识结构。评价则是对转换的一种"检阅"。通过评价可以核对我们处理知识的方法是否适合新的任务，或者运用得是否正确。评价通常包含对知识的合理性进行判断。布鲁纳认为学习任何一门学科的最终目的是构建学生良好的认知结构，而这常常需要经过获得、转换和评价三个过程，这些过程运用和处理得好，就可以使新旧知识建立起牢固的联系，在以前学习的基础上提高一步。

"螺旋式课程"

"如果尊重成长中儿童的思想方法，如果想方设法把材料转译成儿童的逻辑形式，并极力鞭策诱使他前进，那么，就很可能在他的早年介绍这样的观念和作风，以使他在日后的生活中成为有教养的人。我们不妨问一下：在小学里所教的任何学科的准则，如果充分扩展的话，是否值得成人知道？而如果童年时懂得了它，是否成年时会更高明？倘若对这两个问题的答复都是否定的或含糊的，那么这种材料就会造成课程的混乱。

"如果前述介绍的假设——任何学科可按照某种正确的形式教给任何儿童是正确的，那么跟着而来的论点便是：课程建设应当围绕着社会公认为值得它的成员不断关心的那些重大的问题、原理和价值。试考虑两个例证：文学教学和自然科学教学。例如，假如承认使儿童认识人类悲剧的意义而且使之产生同情感是合适的，难道就不可能在很早的恰当的年龄用启发而不用恫吓的方式进行悲剧文学的教学吗？有许多行得通的方法可以开始进行，如：通过复述很出色的神话，通过采用儿童文学名著，通过放映和评论经过检验的影片。恰好什么年龄该用什么材料，有什么效果，是有待于研究——各种各样的研究——的题目。我们可以先问儿童关于悲剧的概念；在这里，不妨采用皮亚杰和他的同事们在研究儿童的自然界因果关系概念、道德概念、数概念等等时所采用的同样的方法。只有在用这些知识把我们武装起来的时候，我们才能够知道儿童怎样将我们给他的任何东西变成他自己的主观术语。我们也不需要等到有了全部研究成果后才开始行动，因为一个技能高的教师也能进行试验，他试着去教在直观上似乎切合于不同年龄儿童的那些材料，在前进中不断加以修改。到一定时候，一个人可能进而学习同一种文学的更复杂的作品，也可能仅仅重复阅读早些时候读过的同样几本书。重要的是后来的教学建立在早期对文学的反应上，它寻求产生一种对悲剧文学更清晰和更成熟的理解。任何伟大的文学形式都能够按照同样的方法被掌握；任何重大的主题——不论喜剧形式还是个性主题，个人忠诚，以及其他——也是这样。

"自然科学亦复如此。如果认为对于数目、测量和概率的理解在探索自然科学中具有决定性的作用，那么这些学科的教学就应该尽可能早开始并采用智育上正确的形式，而且应该同儿童的思想方式相符。要让这些课题在以后各年级中扩展、再扩展。这样，如果大多数儿童准备选学十年级的生物学单元，难道他们需要把这门学科一下子就都学完吗？必要的话，用起码的正式实验操作，以一种或许不太精确然而较为直观的精神尽早向他们介绍一些主要的生物学观念，难道不可能吗？

"许多课程最初设计时的指导思想，颇像我们在这里提出的那样。但是当课程实际上实施的时候，当它们发展和改变的时候，它们常常会失去它们最初的形式，陷于不大成样子的局面。督促人们亲自再审查现行课程是否符合前面指出过的连续性和发展的论点，这决不错误。我们无法预计修改课程可能采取哪些确切形式，直率些说，目前有用的研究确实太少，不可能提供合适的回答。我们只能建议，应该用最大力量尽快地着手进行适当的研究工作。" [1]

布鲁纳认为，教师成功地组织学习材料的途径是发展一种螺旋式课程

---

[1]　布鲁纳.教育过程[M].北京:文化教育出版社,1982.64—66.

（a piral curriculum）。这种课程是从学习者已有经验基础知识开始，并在这个基础上增加更复杂的和更精细的类目和编码，在教学向前进的时候，它经常返回去在以前理解的基础上提高。

布鲁纳在此重申了他的教学假设，即任何学科都能够用在智育上是诚实的方式，有效地教给任何发展阶段的任何儿童。这听起来似乎有点教育万能论的味道，但是布鲁纳这样的教学思想并不是无根据的设想，而是反映他根据儿童智力发展水平上进行系统教学，并将学科的基本概念、原理尽早教给学生的一种教育思想。为此，布鲁纳在深入研究儿童的智力发展水平之后，从教材编写的角度探讨了如何使教学内容适合于学生的智力发展水平问题，也就是提出了著名的螺旋式课程设计的思想。

"螺旋式课程"这个名词并非布鲁纳首先使用。然而，由于布鲁纳赋予了它以新的意义，从而促使课程组织得到了进一步的发展，使得螺旋式课程成为课程组织的一个新兴的，具有代表性的词汇。美国教育史学家克瑞明（cremin. L.A）曾指出，布鲁纳的教育思想除了承袭杜威之外，还受怀德海（Whitehead, A.N.1861−1947）的影响。"螺旋式课程"的主张，事实上即来自于怀德海 "周期性"（periodicity）或 "重复基本理论"的教育观念。另外，从孟禄（Monroe, P）主编的《教育百科全书》中可以查出，"螺旋型"课程是指以 "同心圆"的组织方式来安排学校中的教材以及教学的方式。它依据儿童的需要和成熟状态，所提供的教材或论题都以一个小圆周开始，依次增加和扩大范围成为一个大圆周。如，同一概念，在不同年级的教材中重复出现好几次，但所包含的知识内容一次比一次增加。这种课程组织方式在20世纪初非常盛行，因为它是一种基于心理学基础的课程组织方式，而非成人本位的 "逻辑式"的课程组织方式。

布鲁纳的 "螺旋式课程"观点是与其教育思想相一致的。在布鲁纳看来，教育是社会变迁的最主要的方法，由于科技的迅速发展，学校教育不仅要促进个体的社会化,而且要培养个体的各种基本技能。在个体掌握了各种基本技能的情况下,人类生活中所需要的复杂技能,便可以分解为各种较为简单的技能。因此,在儿童早期教给他较基本的技能、技巧,以便他将来长大后更容易学会复杂的技能。

布鲁纳还建议,学校中的课程要不断加以革新,并应成立课程研究的机构。在这种研究机构中聚集各学科的专家、学者、教师、艺术家等。课程设计应让他们共同参与,只有这样才能设计出符合需要的基础知识结构。布鲁纳曾主张由物理学家来训练物理教师,由数学家来培育数学教师,学科结构中的知识应由专家来设计,而后才能以简明有效的方式,教给发展中的儿童。布鲁纳螺旋式课程的有效实施需要教师教学方式的充分配合。教师必须具备专业的知识和能力,才能胜任这种教学工作。所以说,螺旋式课程是一种系统工程,它靠各方面的专家来共同完成。

总之,布鲁纳的螺旋式课程形式像是由小到大、由低到高的螺旋,由某些基本原理或观念盘旋而上,并逐渐扩大各学科的内容。课程组织必须从教师与学生两方面来考虑,并由专家和教师共同编制出反映学科结构的完善的教材。同时,还需要教师认识儿童认知发展的过程,激发儿童学习的内在意愿;因此,螺旋式课程需要通过对儿童学习准备的认识,需要教材结构化以及教学方式的配合来共同完成。

四、直觉思维和分析思维

"关于直觉思维的性质问题好象集中在两个大的题目上:什么是直觉思维?影响直觉思维的又是什么?

"人们对分析思维,可以说出比直觉思维多得多的具体情况。分析思维是以一次前进一步为其特征的。步骤是明显的,而且常常能由思维者向别人做适当报道。在这类思维进行的过程中,人们能比较充分地意识到所包含的知识和运算。它可能包含仔细的和演绎的推理,因为它往往使用数学或逻辑以及明确的进行计划。或者,它们可能包含逐步的归纳和试验过程,因为它利用了研究设计和统计分析的原理。

"直觉思维与分析思维迥然不同,它不是以按仔细的、规定好的步骤前进为其特征的。的确,它倾向于从事看来是以对整个问题的内隐的感知为基础的那些活动。思维者虽然得到答案(不管正确还是错误),但他对其间的过程究竟如何,却很少知道。他难以说明是怎样获得答案的,而且他也许不知道他所回答的问题情况是什么样子的。直觉思维总是以熟悉牵涉到的知识领域及其结构为根据,使思维者可能实行跃进、越级和采取捷径,多少需要以后用比较分析的方法——不论演绎法或归纳法,重行检验所做的结论。

"我们认为,应该承认直觉思维和分析思维的相互补充的性质。一个人往往通过直觉思维对一些问题获得解决,而这些问题如果借助分析思维将无法解决,或者充其量也只能慢慢解决。这种解决,一旦用直觉方法获得,可能的话,就应当用分析方法进行检验;同时,把它们看作这种检验的有价值的假设。的确,直觉思维者甚至可以发明或发现分析家所不能发现的问题。可是,给这些问题以恰当的形式体系的,也许还是分析家。可惜,学校学习中的形式主义已经或多或少贬低了直觉的价值。过去几年来一直在从事设计课程,尤其是从事设计数学和自然科学课程的人,都坚决相信需要做更多的工作去发现,我们怎样才有可能从最早年级起便开始发展学生的直觉天赋。因为,正像我们已经看到的,在我们同学生揭示、演绎和证明这种更传统的和更正式的方法以前,使其对材料能有直觉的理解,可能是头等重要的。

"至于直觉思维的性质,到底是什么呢? 很清楚,无论是把特定的解决难题的活动认作直觉的，或者是确实地鉴别直觉能力本身，都并不容易。根据可以观察到的行为来下一个精确的定义，在目前是我们力所不及的。显然，我们不能等到可以给直觉思维下一个纯粹而不含糊的定义，并对出现的直觉有鉴别的精密技术时，才来研究这个题目。这种精密性是研究的目标，而不是据以进行研究的起点。如果要探究我们是否有能力鉴定某些解决难题的活动比别的更为直觉，那么这种精密性就可作为起点。或者，另一种做法是，我们可探究能否同意把一个人的作用或偏爱的工作方式从性质上划分为更加分析或归纳的还是更为直觉的，而且更进一步，探究我们能否找出一个方法去把任务分类，看每个任务需要哪一种工作方式。确实很清楚，要紧的是不使用像有效或无效这类评价概念来混淆直觉思维和其他类型的思维，因为分析的思维、归纳的思维与直觉的思维都可能有效或无效。也不应该根据能否产生新的或熟悉的成果来区分这两种类型的思维，因为这不是重要的差别。

"关于直觉的暂定界说，我们正好先用韦伯斯特的解释：'（直觉就是）直接了解或认知。'按'直接'这个词是同'间接'——靠正式的分析法和证明法为中介所获得的了解或认知——相对而言的。直觉是一种行为，通过这种行为，人们可以不必明显地依靠其分析技巧而掌握问题或情境的意义、重要性和结构。直觉的正确或错误最后取决于通常的证明法而不是取决于直觉本身。然而，直觉的形式能很快产生假设，且在知道观念组合的价值之前，便发现观念的组合。最后，直觉本身可以产生一类知识的一个试验性的组织，同时可以造成一种感觉，使我们觉得那些事实如此组织起来是不言而喻的；它对我们的帮助主要在于给我们提供一种根据，使我们得以在检验现实的过程中前进。

……

"影响直觉思维的可变因素究竟有哪些？肯定会有带倾向性的因素，这些因素和直觉运用中的个别差异有关。这种倾向性因素甚至使人倾向于对某个领域而不对别的领域进行直觉思维。关于这些因素，我们只能举出一系列的推测。如果教师直觉地思维，学生的直觉思维会不会更发展？也许包含着简单的模仿，也许包含着更复杂的过程。如果学生从未见到他的长辈有效地运用直觉的思维方法，他似乎未必会发展或相信自己的这种方法。凡是乐意猜测班上提出的问题的各种答案，而后对他的猜测做严格分析的那种教师，恐怕比预先给全部分析一切的教师，更易于养成学生这种思维习惯。给某个领域提供各种经验，会增进那个领域内直觉思维的效果吗？多方面熟悉某门学科的人们，往往更能凭直觉一下子做出决断或解答疑难——后来证明这个决断或解答是恰当的……

"关于这一点，我们可以问，在教学上强调知识的结构或连结性，能否促进直觉思维。那些从事改进数学教学的人，经常强调发展学生对数学的结构或顺序的理解的重要性。就物理学而论，也有这种情况。看来这种强调中含有这样的信念：结构的理解，能使学生从中提高他直觉地处理问题的效果。

"教授各种启发式程序，对直觉思维有什么作用呢？正如我们已经觉察到的，启发式程序实质上是达到解决难题的一种不严密的方法。启发式程序常常使难题解决，但它提不出解决难题的保证。此外，算法也是解答问题的一种程序，如果进行得准确，它保证会经由一定的步骤发现问题的解答办法——只要这个问题有解答之道。当算法的程序不明了的时候，往往可用启发式程序，这是启发式程序的优点之一。而且，即使有合用的算法时，启发式程序也往往进度更快得多。教授启发式程序会促进直觉思维吗？例如，是否应该明确地教学生，'当你不能够看出如何着手解题时，不妨想想同该问题相似的但较为简单的问题；然后用解决较简单问题的方法作为解决较复杂问题的计划。'这样行吗？抑或应该引导学生学到这样一种技术，而不要他向自己实际上说出那一番话？当然，这里可能用得上古代的一个谚语：当毛虫试图说出它如何走的时候，它便寸步难移了。逐渐被迫地认识到用启发式规则进行直觉飞跃的学生，可能会把这个过程简约为分析的过程。另一方面，经常应用一般的启发式规则——利用类比，使用对称，考查有限条件，使解法形象化——肯定是对直觉思维的支持。

"为了学习怎样在最后做出聪明的推测，是否应该鼓励学生去猜想呢？也许有某种情境，其间猜想是相宜的，并且可以促使直觉思维向合理程度发展。真的，可能有一种猜想，需要予以仔细的培养。可是，在学校的许多班级里，猜想会受到严重处罚，而且不晓得什么缘故，还同偷懒联系起来。可以肯定，谁都不愿意只教学生猜想而不干别的，因为继猜想之后总是会根据需要尽量做出证明和认可的；而对猜想处罚过严，会压抑学生任何种类的思维，使之只能辛辛苦苦工作，而不敢进行偶然的飞跃。当学生不能立刻说出正确答案时，他们进行猜想难道不比目瞪口呆好吗？直截了当地说，应该给学生一定的训练，使之认清猜想的似合理性。在自然科学和普通生活中，我们常常被迫根据不完全的知识去行动；我们不得不去猜想。按照统计学的判定理论，根据不充分数据而进行的活动，必需考虑到概率和代价两方面。我们应当教学生识别的也许是，什么时候不去猜想的话，会代价过高；同样的，什么时候猜想本身的代价又太昂贵。我们认为做后者比做前者好得多。我们是否应该让学生从事两方面的实践，即不但进行有训练的猜想，而且还要认清别人提出的那些好像合理的猜想的特征——知道某答案至少在范围上是恰当的，或者知道那不是不可能的而是可能的？我们感觉到，一般说来，如果使学生懂得，在真理和缄默之间可以有各种选择，这或许会给他的思维以很大的好处，但是我们切不可因自己不能鉴别两种不同的自信而把自己弄糊涂了——一种自信是个性的特征，另一种自信则是由于对一个学科具有知识才产生的。对教育者来说，只帮助学生树立前一种自信而不树立后一种自信，就算不了什么特殊功绩。教育的目标决不是生产具有自信心的傻瓜。

"可是，借助于发展学生的自信和勇气去培养有效的直觉思维，似乎还是可能的。凭直觉思维的人，常常可以获得正确的解答，但当他自行核对或接受别人检验时，也可能被证明是错了。所以，这类思维需要在努力试解难题过程中有甘愿犯真正的错误的精神。凡是动摇的和缺乏自信的人也许不愿意冒这样的风险。

"许多观察指出，在工作中，当要求决断的情境的新颖性或重要性提高时，分析思维的倾向也就增强。或许，当学生看出错误结果似乎过于严重以及成功结果又似乎太无把握的时候，他会抱住分析程序不放，尽管这些程序可能是不合适的。根据这些理由，人们可能怀疑，学校现行的奖惩制度在学生看来是否实际上有抑制运用直觉思维的倾向。学校中等第的规定特别强调获取事实的知识，主要就是因为这类知识最容易进行评价；而且，它倾向于强调正确答案，因为在简便的考试中，凡属正确的答案，都可以评为'对的'。在我们看来，重要的应该是从事某种研究工作，以便查明若是采用不同根据划分等第时，直觉思维的发展将会发生什么情况。

"最后，关于能使直觉思维特别有效的条件，我们能够说些什么呢？在哪些学科的掌握中，用直觉程序，并继之以检验，会最有助益？解决各种各样问题的途径，最好借助直觉程序和别的程序的结合来进行，所以，知道是不是两种程序在用同样教学法的同样课程内都能得到发展，也是重要的。"[1]

直觉思维是与分析思维相对的一种思维形式，相对于分析思维而言，人们对直觉思维了解得更少，能说的东西也更少，甚至对直觉思维的界定也是不甚明了的问题，只能从不同侧面进行描述，如爱因斯坦指出：从特殊到一般的道路是直觉性的，而从一般到特殊的道路则是逻辑性的，物理学家福克说过：伟

---

[1] 布鲁纳.教育过程[M].北京：文化教育出版社, 1982.69—76.

大的，以及不仅是伟大的发现，都不是按照逻辑的法则发现的，而都是由猜测得到的，换句话说，大都是凭创造性的直觉得到的。然而，布鲁纳还是借用韦伯斯特的概念描述了直觉思维，他认为直觉思维倾向于看来是根据对整个问题的内隐的感知的那种活动，它不通过详尽的逻辑推理和分析的演绎步骤而达到似乎是真实的，但却是体验性的说明，推测性的结论。直觉思维不依赖于严格的证明，它多借助于形象的或视觉的手段，是以对整个问题情境的总体把握为前提，以直接的、跃进的方式获得问题答案的思维过程。直觉思维的智力操作是内隐的、无意识的、通常以顿悟的形式表现出对问题的正确把握。直觉思维与分析思维是不同的，直觉的结果是可感知的，而直觉的过程是思维者不能言表的，具有"黑箱"运作的特点。因此，在有些情况下，一个人以直觉方式获得了问题的答案，但却不能清晰地说出他的思考过程。布鲁纳认为，直觉能不必依靠分析技巧而掌握问题或情境的意义、重要性和结构。直觉的形式表现为很快产生假设，也就是能迅速对问题的解决方案做出猜想和预测。同时，直觉使思维者觉得事实如此组合是不言而喻的，也就是说，思维者靠直觉把相关信息以某种方式结合起来，而这种方式恰恰是问题解决的合理方案。由此看来，布鲁纳认为直觉就是一种直接的、非渐进的、以视觉形象为思维媒介的、对问题的飞跃式地直接把握和解决。因为，这种思维方式在操作上是内隐的，在表现上是顿悟的，常常能迸发出新异的思维成果，带有创新性，是进行创造性活动的重要的思维方式。

就学生学习过程来说，直觉思维具有非常重要的作用。首先，儿童的思维发展水平和特点决定了直觉思维是儿童思维的重要形式，如果在教育中强迫他们用分析思维去解决问题，可能会阻碍孩子的智力发展。布鲁纳在这一部分就强调，我们只需要儿童直觉地得出问题答案即可，而不必要求他们明确给出分析式思维证明过程。

　　布鲁纳对于直觉思维的强调在我国提倡教学改革的今天无疑具有强烈的时代意义。我国的传统课堂教学过分关注了问题的分析和形式技巧，注重过程的严密和步骤的递进，从而抑制了学生直觉思维地运用和发展。按照布鲁纳的看法，思想的创造先于物质的创造，教师要鼓励学生大胆地预测和猜想，解放学生的想象力，只要答案正确，不一定要求学生说出严密的问题解决过程。在新课改的背景下，我们的现代教学要承认直觉也是一种智力活动，与理智把握世界的方式是殊途同归的。儿童直觉地解决了问题，尽管没有分析性的证明，也标志着其智力已经得到了训练和发展。教师只有不求事事追根溯源，才能逐渐使学生树立对预感和猜测的信心，以及在信息不足的情况下大胆做出假设的勇气，只有在教学过程中做到了这一点，儿童才能拥有发展直觉思维所必需的心理品质和气氛。而我们目前的教学却并没有重视儿童的直觉思维，觉得那是一种无根据的莽撞之举，是一种不扎实的学习，一味向学生提供高于他们思维水平的"分析模型"，这样的教学不仅不利于直觉思维的发展，也不利于分析思维的训练。

五、学习的动机

　　在"学习动机"的论述中，布鲁纳认为，"学习的最好刺激，乃是对所学材料的兴趣，而不是诸如等级或往后的竞争便利等外来目标。"他主张不宜过分强调外来动机，而应努力使外来动机转化为内在动机。在这里，布鲁纳就提出了要"增加教材本身的趣味性"，很好地处理动机问题。

　　"在设计课程时，人们正确地区别所希望达到的长期目标和用以达到长期目标的某些短期步骤。那些长于实际事务的人也许会说，如果不能给达到最后目标提出短期办法，谈论长期目标是没有多大用处的。许多理想主义的评论家可能会毫不犹豫地丢开短期的教育目标，理由是看不出这些目标将引向何处。我们倾向于采取中间立场。了解教育的目的虽然是有益的，但是，我们也时常可以在试图达到比较低的目标的过程中，发现或再发现新的终极的目标。这样的事情，在最近改善学校课程的努力中看来已经发生了。

"过去十年的努力，是从把物理学或数学或其他学科教得比较好这个最低的意图开始的。例如，由于意识到物理学家所知道的物理学和学校中所教的物理学之间的差距已经发展得多么大，这个差距又由于科学的革命性进展和国家安全的紧迫局势而显得特别重要，这就推动一群才能高的物理学家参加到这种努力之中。但当这种努力扩大时，当其他学科的学者和科学家也进入这个领域时，更广阔的目标开始出现了。很清楚，美国今天的教育，重新强调追求优异成绩。追求优异成绩看来包含着几件事情，这些事情不但同我们教什么有关系，而且同我们怎样教和怎样引起我们学生的兴趣也有关系。

"有人发表一种看法，认为追求优异成绩决不可限于天才学生。但是，为了要给每个人提供一些东西，教学应该以中等学生为目标，这种想法也是个同样不适当的公式。看来，我们之中许多人所探求的是设计出一套既使优秀学生感到一定难度而又不破坏那些不很幸运的学生的信心和学习意志的教材。我们对这样一个方针的难处不存幻想，不过，倘若我们既要追求优异成绩，又要承认我们必须培育的人的才能参差不齐，那么上述方针就是我们唯一的出路。关于准备适合这个目的的课程，关于培训教师，关于采用所有可以利用的教学辅助工具的重要性，已经说过许多了。这些就是获得优异成绩的步骤。另一主要步骤，就是必须处理动机问题。

"……关于美国中学，已经有人说，它强调'同辈'（'Peer' culture）文化，否定了一些成人对教育的目的要求。这个论点可以争辩；但这个争端是个现实问题,正像詹姆斯·科尔曼(James Coleman)与戴维·里斯曼(David Riesman)这些关于美国中等教育的社会背景问题的评论家已经指出过的。只要看看面向青年阶层的广告,就可感到社会生活和'善交际的人'的中心地位。对美国中学教育的研究特别指出,社会声望比学术成就受到更高的重视。然而,哈佛教授委员会在富兰克林·福特教授主持下编写的《1960年度入学方针报告》指出,从公立中学来入学的哈佛学生比从东海岸大型的私立预备学校来入学的才能类似的学生,赢得特优成绩的更多。很可能,进哈佛大学的中学生,是他们母校里杰出的一些人,但是,即使单就这一点来说,也毫无疑问地表明,美国的中学至少没有毁灭这些学生,没有使他们后来不能做杰出的工作。

"那么,假定形势不是像有些人要我们相信的那么不妙,但也不是像有些人所很盼望的那么好,则关于在我们学校里的学习动机,能说些什么呢? 注重课程单元,注重等第和升级,注重机械式考试以及其他,就学校学习的连续性和深度来说,会发生什么结果呢?

……

"学龄儿童中,多半常有混杂的学习动机。父母和教师,他要讨好;有些同辈,他要打交道;用以掌握事物的感官,他要发展。同时,兴趣在发展,世界开阔了。学校作业只是成长中的儿童的活跃生活的一部分。对不同的儿童来说,学校作业意味着不同的事情。对一些儿童来说,是取得父母赞赏的道路;对另一些儿童来说,则是闯进同辈社交世界的手段,只要用最小的努力来处理就'过得去'。学校的教育可能是反智力的,或者完全相反。在这样一个复杂的图景内,还有儿童感到兴趣的那些学科的微妙的吸引力。人们只能很勉强地说出图景的细节,但是大体上对他们是够熟悉的。我们怎样在这个范围里唤起儿童对概念世界的兴趣呢?

"几个试验性的建议已经（抱着商榷的态度）提出来了，其中主要的是增加教材本身的趣味，使学生有新发现的感觉，把我们必须要说的东西转化成为儿童思想的形式，等等。这等于启发儿童对正在学习的东西的兴趣，并随之而一般地发展他对智育活动有适当的态度和评价。无疑，我们不能依靠现在想得到的改革来创造一个拥有专心致志的知识分子的国家，何况这显然也应是我们学校的主要的指导性目标。可是，如果教学工作做得好，我们教的东西值得学，那么在我们现代社会中就会有一些力量在起作用，它将提供外来的刺激，促使儿童比他们过去更多地卷入学习过程之中。

"高度赞赏智慧的价值，在传统上还没有成为我们文化的特点。我们作为一个民族，总是表现出对教育的巨大信心。所以如此，有许多理由，如：没有贵族阶级，新的社会所固有的重实效的需要，等等；但这些在这里不一定和我们有关。教育曾被认为是改善我们儿童的命运而不是改善我们自己命运的工具。儿童应该比他们的父母得到更好的教育机会，这差不多是一个普遍的信念。虽然我们对教育如此推崇，但我们对教育内容的注意却非常不够：笼统地提一下'读、写、算'似乎已经够了。在我们国家里，行动已经被当作思想有无效果的标记了，而且我们也许比任何其他主要的西方大国更多地把理论和实践之间的差距想象为一个张开的裂口。

"关于怎样给我们的学校造成更为严肃的学术气氛，关于应着重体育、声望和社交生活，还是应着重学术上用功，有很多议论。全国各地正在进行一种努力，以期调整明显地存在的不平衡。对学问的羡慕和兴趣，可能会增长得比预料的还要快。

"奖优制度对进行教育的环境，可能发生一些不良的影响，尽管我们如果预先计划，有可能控制它们。根据我们教育史上的经验，在现在这一时刻考虑一下可以防止这种万一结果的抗衡活动的形式，也许不是不适当的。我们切不可产生一个被社会疏远的文学知识分子集团，他们可能由于技术和科学成就的奖励制度而感到见弃，因而不理解科学进步，于是感到科学上的进步预示着传统文化的毁灭。确实很明白，将来花在改善人文科学和社会科学课程和教学方面的精力，至少应该和现在花在自然科学和数学上的精力相当。联邦和州关于教育补助的未来立法条例，可能有涉及这种课题的特别条款，现在就由合适的立法委员会来考虑这种支持的性质和范围，为时不是过早。

"在考试的安排上运用丰富的想象力和灵活性，当然可以把在自然科学学科中强调竞争的行动转化到有用的目的上去。考试也能够培养周全的思考。在比美国过去曾有的学校系统肯定更富有竞争性的学校系统中，需要特殊指导。它不但为迅速地走到前面的学生所需要，而且领会得不快、不早、不牢靠的学生（他们代表我们较年轻的人口的重要部分）更特别需要它。

"但是，像较好的考试和指导这样的补救办法，并不提供主要的答案。如果我们要应付奖优制度和竞争的危害，要应付过分强调自然科学和技术招来的风险，要应付人文学科学习的贬值，就必须在美国保持和抚育有活力的多元主义。出现于我们中小学和大学里的戏剧、艺术、音乐和文学，都需要最充分的支持。

"归纳起来，学习动机在旁观年纪（age of spectatorship）必须防止被动状态，必须尽可能建立在唤起对所要学习的东西的兴趣的基础上，它的表现必须保持广泛性和多样性。奖优制度和新的竞争形式的危险信号，已经明显。已经可能看出，超前的计划在什么地方能有帮助。对这样的计划及支持它的研究工作，应该给予高度的优先权。"[1]

[1] 布鲁纳.教育过程[M].北京: 文化教育出版社, 1982.79—89.

　　布鲁纳在这部分指出，学习动机应防止机械论的被动观点，学校教学应尽可能唤起学生对所学东西的兴趣，并尽量避免通过外部奖励等活动引导学生学习的现象，因为学校的奖优制度和多种竞争形式往往影响到学生学习的内在兴趣的形成。他认为来自于动物实验的条件反应，强化作用只能用来说明人类学习中的比较低级的形式，而对人类的高级学习则无效。

　　在布鲁纳看来，学生可以划分为天才、中等和迟钝三类。他认为，"教学应该以中等学生为目标"的想法是个"不适当"的公式。教育的目标要追求优异的成绩，同时也承认我们必须要培养参差不齐的才能的人。为了要给每个人提供一些东西，要探求的是"计划一套向优秀学生挑战的材料而不破坏那些不很幸运的学生的信心和学习意志"。这无疑是一个面向全体学生的教材，因而也就最能使各类学生的学习的积极性行动持久。

　　同时，布鲁纳要求把"必须要说的东西转化成为适应儿童的思维形式"。其中主要增加使学生有"新发现"的感觉。强调"发现学习"，要求学生利用教材与教师提供的某些材料，亲自发现应得的结论或规律，在学习中成为"发现者"，并且使学生具有"自我奖励"这种独立自主的学习。这样，从学习动机这个角度来看，就可以使"外来学习动机"向"内在学习动机"转移。他不赞同过分强调"奖优制度"，他说："奖优制度对进行教育的环境，可能发生一些不良影响，尽管我们如果预先计划，有可能控制它们。"

　　应该说，布鲁纳在这里探讨的无非是"学习动机"的结构性问题，意在说明"内部动机"相对"外部动机"绝对性的主体地位。参照奥苏伯尔的分类，其中强调了"内部动机"中的"认知内驱力"和"自我提高内驱力"。这在心理学中的认识已经很成熟了。这部分讨论的价值在于，布鲁纳针对现实的情况，提出了几条试验性的建议：

第一,增加教材本身的趣味;

第二,崇尚智慧的价值;

第三,在学校建设严肃的学术气氛,鼓励对学问的羡慕和兴趣;

第四,强调学习的内在动机。

布鲁纳强调内在动机在学习过程中的主体地位,主张在教学中应以激发学生的内在动机,调动学生对学习内容的兴趣为主,而不必借助于外在的奖赏。布鲁纳的这种观点主要由以下两个原因引起的:其一,是他对刺激——反应学习论,包括联结论和行为主义理论的反对;其二,是由于他对学习持一种认知观点,强调智力的充分发展,对于美国当时中学教育中所存在的忽视智能成长的现象表示忧虑。

布鲁纳的内在动机观点还来自于他对美国当时的教育现状的分析。布鲁纳根据社会学家科尔曼的调查研究发现,学业成就在当时学生的校园文化中并不占重要地位,它不是学生努力追求获取地位及声望的主要来源,学生在这种文化中所重视的并非是学业方面的卓越表现。一般来说,男生特别注重运动及竞技方面的表现,女生则特别重视外表和悦人的人格特征。根据这些调查资料,布鲁纳认为,美国中学生对社会交往方面的重视甚于学业成就,这就造成了学生对学习活动之外的奖赏而非学习活动本身的重视。因此,布鲁纳主张要重视儿童的内在学习动机,教师在教学活动中应注意引导学生的内在兴趣,使学生免受外在奖赏的直接控制。学习动机应由外在的奖赏转向内在的兴趣,使学生养成自动、自发学习的态度,使学习真正成为内在导向的而非外在导向的,由此促进学生认知结构的发展。

六、教学辅助工具

"近年来对于可以用来辅助教学过程的装置，学者们有过大量议论。这些装置属于许多种类。其中有些是打算给学生提供那些从通常的学校生活里也许无法取得的材料。一般用于这种工作的装置，有影片、电视、显微镜片、幻灯片、录音带等。书也起这样的作用。这些东西是一种工具，运用这些工具给学生提供的关于事件的经验虽是替代性的，然而是'直接'的。因此，我们把这些装置叫作替代经验的装置（device for vicarious experience）。

"第二种形式的教学辅助工具的功能，是帮助学生掌握现象的根本结构，用遗传学里的术语来说，就是去发觉表现型里面的遗传型。设计得很好的实验室实验或实物演示是这种活动中第一流的辅助工具。把教师引导学生掌握结构这种努力更密切地考察一下，就会发现还有许多具有同样功能的其他装置和练习。努力把数学中的观念具体化，使其成为可见的，这是与实验室工作同类的。

"但是还有其他更微妙的装置，可以而且正在用来引导学生去理解他所看到的事物的概念化的结构。把它们叫作'程序设计'（sequential programs）也许是描述它们的最好方式。在任何学科中，都有一些展现材料和观念的顺序，比其他一些顺序更适宜于引导学生去理解主要的观念……

"从实验室实习到数学积木以至程序设计这整个范围的辅助装置，我们为了方便起见，将把它叫作模型装置（model devices）。

"与此有密切关联的，有一种装置可称为戏剧式装置（dramalizing devices）。诸如精神上忠实于主题的历史小说，戏剧式地表现物种在它栖息地的斗争的科教影片，由引人注目的人物表演的实验例证，由记录温斯特·邱吉尔式的人的生活和事迹的影片来揭示政界伟人——所有这一切，对于引导学生更密切地辨认现象或观念，都有戏剧般的效果。毫无疑问，如果教师在教学中能以戏剧表演的风度来利用这种'辅助'，那就再好不过了。但还有许多别的戏剧式辅助工具，教师可以利用，而且也是在利用，但不晓得他们是否能够经常利用。"

"过去十年中，终于出现了各种自动化装置，如教学机器来帮助教学，这是有目共睹的。这些装置虽各自大不相同，却具有一些共同的特点。教学机器一步一步地向学生呈现仔细程序化的问题或习题，学生按照这个或那个形式，选答关于问题或习题里的多个答案中的一个。这机器立即做出反应，指出答案是正确的还是不正确的。如果答案正确，机器就移动到下一个问题。为了不使学生由于过多的失败而沮丧，问题与问题之间的难度，通常的确是循序渐进的。

"利用这种装置的辅助来教什么，怎样教，就要看题目程序的设计技巧和智慧了。当然，给机器设计程序的艺术是教学艺术的扩展。目前，大部分的程序设计是直观的，并且委托有声望的教师来搞。编写教学机器教案磁带的教师发现，习题有这样的效果：可使人高度意识到用以呈现问题的程序和程序的目的，例如，或是试图使儿童记住材料，或是试图使儿童在做难度逐步增加的问题时累积地利用材料。

"从技巧来说，这种自动装置最有意义的特征也许是，它们能减轻教师肩上的一些教学负担；此外，也许是更重要的，当学生进行学习活动时，机器能给学生提供即时的校正反馈。要评定这种装置的最后使用价值，还为时尚早；可是很不巧，提倡者和反对者双方都已经提出了这样过分的要求。很清楚，机器不是将要代替教师——事实上，如果教学中比较麻烦的工作能够交给自动机器去做，可能会引起对更多和更好的教师的需要。如果说机器会使学习失去人情味,那么,它似乎并不比书本使学习失去的人情味更多。给教学机器拟定的程序,同书一样,是有个性的:它可以增添幽默,也可能是冷酷阴沉的;可以是有趣的活动,也可能会像密集队形的操练那样讨厌。

"因此,总体来说,现在有各种装置来帮助教师去扩大学生的经验范围,去促使学生理解所学材料的根本结构,并生动地理解他所学的东西的意义。也还有些装置现在正在发展,它们能减去教师肩上的一些教学负担。应该怎样协调一致地运用这些辅助工具和装置,使之成为一套辅助系统,当然是个有意义的课题。

……

"在讨论教学辅助工具时,去考虑教师在教学中的作用似乎是奇怪的事。可是,在我们学校实践中,教师在教学过程中仍然是主要的辅助者。关于教师在教学中的作用,能够说些什么呢?……

"教师也是教育过程中最直接的有象征意义的人物,是学生可以视为榜样并拿来同自己作比较的人物。有谁不能想起某个特殊的教师的影响呢?这个教师可能是个热心家或某个观点的信徒,或酷爱某门学科的热忱的训练家,或爱打趣然而神情严肃的人。有许多种形象,而且这些形象是可贵的。唉!可也有有害的形象:有削弱信心的教师,有扼杀幻想的凶手,还有恐怖密室的支持者。

……

"总之,教师应成为知识的传播者、榜样和典型人物,为了做到这点,可以灵活地运用做到这点,可以灵活地运用种种装置来支持;这些装置可以扩大经验,阐明经验,并使经验含有个人意义。教师和教学辅助工具不需要发生冲突。如果发展辅助工具时考虑到教学的目的和要求,便不会有冲突。像那些作为骗人玩意儿的电影和电视演出,节目中缺乏内容或风格的电视系列片,对琐细事物做象形文字式的逼真描绘——这些，对教师和学生都没有帮助。课程中的质量问题，是不能靠购买十六毫米的放映设备来躲避的。"国防教育法"提供巨额经费来发展视听辅助器，那些金钱和其他可以利用的资源使用得是否明智，就要看我们把制片人或编排者的技术同熟练的教师的技巧和智慧结合起来的能力如何了。"[1]

布鲁纳认为，即使广泛使用教学辅助工具，"教师在教学过程中仍然是主要的辅助者。"他阐述了近年来随着科技发展，教学手段逐渐现代化。但是"很清楚，机器不是将要代替教师。如果教学中比较麻烦的部分能够委之于自动装置，可能会引起更多和更好的教师的需要。"这就是说，利用各种形式多样装置的辅助工具来教什么，怎样教，如果没有优秀的经验丰富的教师参加是无法完成的。

布鲁纳还指出，教师不仅是传播者，而且还是模范。他说："看不到教学的妙处及其威力的教师，就不见得会促使别人感到这门学科的内在刺激力。不愿或不能表现他自己的直觉能力的教师，要他对学生鼓励直觉，不大可能有效。"还说："教师也是教育过程中的直接个人象征。是学生可以视为同自己一样，并拿来同自己做比较的人物。"这都说明了教师直接影响着学生思想品德的形成和精神面貌的好坏。布鲁纳要求教师应善于选择与运用教学方法。

针对教学辅助工具，布鲁纳进一步提出：

一方面，教学辅助工具的制作和使用必须遵循两条原则：

第一，顺应某门学科的教程这个整体。所谓"顺应整体"，即要求影片必须顺应有关的教科书、试验以及学生和教师的地位与活动。

第二，有助于树立某一教程的风格和标准。即要求所制作的影片必须是能

[1] 布鲁纳.教育过程[M].北京:文化教育出版社,1982.90—99.

将学生的注意力引向重要的疑问和课题,使构成某个知识领域的大量事实、概念、理论和应用有机地联系起来。

另一方面,要提高教师质量.因为"教学的主导者是教师,而不是教学装置"。

教育中,教师的活动与教学辅助装置的关系是现代教育理论中的一个重要问题,布鲁纳将这两者视为教学整体中相辅相成的两个因子,并试图通过工具制作与提高教师艺术两方面的努力使其协调一致。这样看待教师和现代化教学手段的关系,不仅对教学实践具有参考价值,也丰富了教育理论。

总之,《教育过程》一书是布鲁纳于伍兹霍尔教改会议结束后,以自己的结构论思想为主导,综合学者专家们在会上发表的不同意见写作出版的一本成名作。它主要"按结构主义表达知识观","按照直觉主义表达研究认识过程",阐述了课程改革的四个中心思想,即学习任何学科,主要是要使学生掌握这一学科的基本结构,同时也要掌握研究这一学科的基本态度或方法;任何学科的基本原理都可以用某种形式教给任何年龄的学生;过去在教学中只注意发展学生的分析思维能力,今后应重视发展直觉思维能力;学习的最好动机乃是对所学材料本身发生兴趣,不宜过分重视奖励、竞争之类的外在刺激。《教育过程》一书在课程设计思想上,既不同于经验主义的课程设计论,也不同于以学科为中心的分科课程论,强调要学生学习各学科的"基本结构",即各种基本概念、基本原理以及它们相互之间的规律和联系,强调使学生参与知识的建构、结构的学习过程,掌握知识的整体与事物之间的普遍联系,而不是掌握零星的经验或事物或知识的结论。在教学法思想上,强调应广泛使用"发现法",教师要在教学中"尽可能保留一些使人兴奋的观念的系列","引导学生自己去发现它";要求学生像数学家那样思考数学,像历史学家那样思考史学,亲自去发现结论和规律，使自己成为一个发现者。关于学习动机，布鲁纳认为，这是使发现的学习能有效进行所必须注意的重要方面。但他主张应激发学生的内在动机，否则用奖赏或竞争等外在动机的收效是有限的，也不能保持长久。由此出发，他主张围绕兴趣组织儿童的学习，引发其学习动机。布鲁纳则认为应当基于儿童对所学材料产生积极主动的兴趣来引发其学习动机，在教学进程中努力把所要传授给学生的结构性知识作为他们自己思维的对象，使教学过程积极化，创造必要条件发展学生智力才能和进行创造性思维的能力。

布鲁纳的《教育过程》一书提出把学校中各科教育教学重点转移到培养儿童的智力和能力上来，其课程改革思想无疑地是为美国解决教育所面临的问题提出了一个颇为吸引人的新方案。它既不同于传统教学论盲目强调系统知识的学习，又与实用主义教学论偏重经验学习的主张不同，而是把教学的着眼点放到解决现代人类开发智力资源的需要上来，因而具有突出的时代特色和很强的生命力，受到了极大的欢迎。然而布鲁纳的教育思想并非完美无缺。1977年，布鲁纳自己也曾感叹，《教学过程》所讨论的是"几乎不切实际的空想"。在教学实践中，以结构主义教学论为指导的课程改革失败了，它受到严厉的指责或长期冷落，这自然有众多的原因，然而这一理论体系自身所存在的一些缺点也不容忽视。

首先，片面强调课程的结构化，按结构主义教学理论设计的课程教材，由于片面强调知识的结构，内容不免过度理论化、抽象化，忽视与社会现实生活、学生生活以及与教师和学生"教"与"学"的能力的联系，因而并不能解决科学的课程论所应解决的这样几个基本问题，即如何按照学习者的基础水平和心理年龄特点，用学科这种形式使之顺利占有各科科学知识和技能的问题；如何处理好知识、技能与智力发展三方面之间的关系的问题；如何既重视学科本身的内在知识结构的关联性及各学科知识之间的质的区别性，又重视各学科之间存在的普遍联系和相互渗透现象，从综合化的高度考虑课程教材的体系问题等等。此外，按此理论设计社会科学各学科也有困难，因为这类学科以世界观、历史观为基础，含有"爆炸性"的问题较多，资产阶级为维护本阶级利益所设的"禁区"随处皆是，实难找出它们的"基本结构"，即使同一门学科的学者也很难对该学科的知识结构保持一致的看法，也并非所有的学科具有明显的知识结构，成人所认为的知识结构对普通儿童来讲，可能使他们敬而远之，要让学生自己去发现它们的基本概念、定义、原理、法则或规律之类的东西自然也更难。

其次，忽视儿童认识过程的特殊性。布鲁纳明确提倡发现法来学习结构课程，强调儿童独立思考的重要性，从积极方面讲，有助于克服注入式教学，但若把发现法强调到一个不恰当的地位，要求学生都亲自去发现，就不可避免地影响教学进程，带有浓厚的"做中学"色彩。布鲁纳由于过分强调探索与发现的效用，常盲目反对机械识记、演绎教学和接受学习等等，离开教师应起的作用而单纯强调发挥儿童自主的主动的学习作用，夸大儿童学习的主观能动性，势必造成把"教"与"学"的双边活动变成单方或单边活动，实质上否定了学生认识活动客观存在的特点，直接影响到"发展学生智力、培养能力"这一教学目的的更完满实现。发现法对教师的要求很高，而教师自己不生产知识，没有做过原始发现，也就很难用发现法引导学生。布鲁纳提出"任何学科的基本原理都可以用某种形式，教给任何年龄的任何人"这一大胆设想，认为甚至小学四年级学生就能利用拓扑学原理做非常有趣的游戏，能发现一些新"步骤"或新"定理"等，这既无视教学过程基本上是一种特殊认识过程，学生所学知识主要是间接知识这样一些特点，也无视儿童学习本身有赖儿童个性、素质、才智、能力、年龄心理特点而异等等情况，势必违反教学客观规律，导致教学的失败。实践的结果也证明了这一点。后来，布鲁纳也承认说："我们在谈到发现的方法，或把发现当作教育的主要媒体时，应该谨慎从事。"还说："一个学生不能只凭发现法学习，犹如一个发明家不是一天到晚都在搞发明一样。"布鲁纳还甚至抱怨人们没有正确理解和运用发现法，他说："这个原来为了突出自我指导与意向性的重要作用而阐述的发现的概念，已经变得与它所涉及的范畴不相干，转而以它本身为目的。某些教育家认为发现本身好像就有价值，而且自然就会有价值，竟不管它是什么样的发现，也不管它对谁起作用。"可见，布鲁纳到后来也认识到了发现法的局限性。事实上，发现法像其他任何一种教学法一样，其运用是有条件的。另外，很明显，他也没有或不够重视从整体观点将儿童作为一个完整的人来分析其全部心理活动特点。

布鲁纳理论中的缺陷很快在教育改革实践活动中暴露了出来。按照布鲁纳理论观点编写或改编的中小学各科教材，主要是数、理、化、生各科新教材，其共同特点是片面强调内容的现代化、理论化，轻视基本知识和基本技能的传授与训练，混淆学科和科学两者的界限，具有极端的理性主义色彩，脱离绝大多数教师和学生"教"与"学"的实际能力，因而并不能达到预期的教改理想，促使中小学教育与教学发生质的积极变化，而是相反，出现了许多学生学业成绩继续下降的现象。

这就不可避免地招致了越来越多的社会人士和青年学生的不满和指责，从20世纪60年代中期开始，一场强大的群众性的"恢复基础"运动便汹涌而起，矛头直指布鲁纳所倡导的上述课程改革实验，从而很快就宣告了美国战后第一次教改运动的失败。这一切迫使布鲁纳于《教育过程》出版后，继续深入思考教育与教学领域在新形势下所面临的各种新问题。《教学论探讨》和《教育的适合性》这两本论著正是在这样的背景下先后问世的。《教学论探讨》收入的八篇文章是布鲁纳于60年代上半期用了约5年时间先后写出的。实际上是一位探索认识过程的学者试图掌握教育问题所做出的努力。

其中《成长的模式》，着重从心理学角度提出了成长或智力发展的一些基本标准，认为一种成长的理论，如果不能阐明人类如何按顺序控制从动作到映象、到符号这三种表象系统的发展特点，是不会引起人们兴趣的理论；《教育是社会的创造力》，指出当前亟需思考教育上的种种变化（如对人的漫长成长过程、人的智力增长的性质、以及近10年教育实验研究和社会迅速变化向教育提出的新要求等在理解上逐渐深入的变化），从教育应是一种社会的创造力来看待人类处理和再现信息的智力发展过程，要把人类已经发展的三个平行系统，即操作的、映象的、符号的系统，看作发展过程的各个着重点进行研究；《本国语教学》，强调语言主要是一种思想工具，具有多种功能，与人的智能发展有着密切的关系；《人类学课程》，进一步阐述了他的课程设计论点，指出这门课程的设计实验研究仍证明，一门课程越是基本的，修习它的学生年龄越是幼小，确定培养智力的教学法目的也越重要。他强调，一门好课程所提供的智力训练或培养的诚实的学习态度和方法，同它所授予学生的知识一样重要，二者缺一都是不可能使它成功的。其他几篇，《一种教学理论的笔记》《学习的意志》《论适应与防卫》《对课程制定与评价的回顾》等，也都是对教学论有关问题所做的理论和实际的探索。《教育的适合性》共收入九篇文章，前五篇主要对智力、认知、直觉和发现过程等问题做了剖析和探讨，后四篇则主要对文化环境等社会因素与人的认知发展成长之间的关系提出了自己的观点，在更大的范围考查了教育、发展、认知成长等等与社会的相关性问题。

布鲁纳在《教育过程再探》一文里就已明确提到，教改所首先要求于人们的，"已不是改革而是革命"，"就紧要之处来说，起中介作用的工具将不是课程而是学校，甚至连学校也不是而是社会"；他说，现在人们已"不是凭借课程从内部去改革学校，而是要把学校全部改组以切合社会的需要"，教学"应更多地注意与社会面临的问题相关联的知识"；他已承认，第一次教改企图从自然学科的教学开始，随后将遍及其他学科搞课程教材内容现代化来实现教改的理想，"实在是'天真无知'的"，"过于理想主义了"，等等。

第四章　《教学论探讨》

成长的模式

"现在我要来谈谈智力成长过程所涉及的一些问题。人们常常选择某种可以揭示行为变化的理论，作为描述成长过程的依据，这是易于做到的，因为成长过程的方面有这么多，几乎任何理论都可以从中找出一些可做出较好解说的东西……

"1.成长过程的特征是对具有直接性质的刺激做出日益独立的反应。人们可以凭借幼儿如何对指向他的各种刺激及时地或在之前就做出反应的知识来预测他做的许多事情。标志儿童成长的大量事实包括：他能够面对充满刺激因素的、不断变化的环境做出某种固定不变的持续的反应，或者能够学会面对刺激因素的、不断变化的环境做出某种固定不变的持续的反应，或者能够学会面对刺激因素没有变化的环境做出另一种反应。他可以通过中介的程序（mediating process）来取得不受刺激制约的自由。

"2.成长有赖于把各种过程内化于某种与环境相适应的'存储系统'。正是这种存储系统才可能使儿童日益增长其才能，可以超越某个单一场合所遇到的信息。他可以从所存储的客观世界模式中做出预测和推测。

"3.智力成长涉及这样一种能力的不断增长：用词语或信号手段对自己或他人说出他做了什么或将要做什么。这种自我说明或自我意识的能力将提供一种可能，使只是按顺序进行的行为向所谓合逻辑的行为转变。

"4.智力发展有赖于在指导者和学习者之间发生的某种有系统的和偶发

的相互作用,指导者总是拥有先前已发明的范围广泛的技巧,以之来教给学习者。

"5.通过语言的媒介可以极大地促进教学,这个语言的媒介最后不仅可成为进行交际的手段,还可成为学习者自己用以有条理地理解其环境的工具。语言的性质及其所发生的功能必须成为任何认知发展理论的组成部分。

"6.智力发展的标志是以下能力的日益增长:能同时处理若干不同的事物,在同一段时间里能注意照顾若干互相有关联的事情,能按照多种要求适当地分配时间和注意。……"

"我先来解说一个关于发展理论的中心问题。毫无疑问,今天在认知发展领域最著名的人物是让·皮亚杰(Jean Piaget)。我们和后一代人都将感谢他所做的开拓性的工作。然而,皮亚杰常常为人们所误解,认为他做的工作是属于心理学的。其实不然。他的工作是认识论方面的。他深切关注知识本身的性质,把知识看作在儿童发展的不同阶段都需要的东西。他很少关心促使知识增长的那些过程,对这些过程他只是用以一种有多种性质的平衡与不平衡理论加以解释。这实在是一种在适应环境和把环境同化于某种内在图式的过程之间来反复说明成长的理论。他的这个理论对我们理解成长过程是有所帮助的,并不是那种相当简单的平衡和不平衡的概念,而是那种对儿童成长发展每个阶段展现的知识的性质所做的卓越的规范的描述。这些描述是用那种可说明儿童如何解决问题的有逻辑结构的术语来进行的,是用那种可据以解释和处理的各种逻辑的设想来进行。他所描述的是儿童如何据之应对智力作业的内在逻辑理论。在他的这种规范的描述里肯定会有一些受到逻辑学家和教学论家攻击的错误,但这一点并不重要。最具重要意义的是他的这种描述所产生的效用和力量。不过这种规范的描述仍然不是对成长过程的解释或心理学的说明,而毋宁说这种明晰的描述是向任何企图用心理学来说明成长过程的人提出了问题。

　　"拿我们列出的第一、二项基本标准来说，那是关于表象（representation）的问题：儿童怎样从眼前的刺激因素中摆脱出来并把过去的经验保存到一个模式中去的，控制这样一个存储库并从中检索信息的规则又是怎样的？我们的研究大抵都指向于解释这样的问题：表象的含义是什么？把经验转化为某一客观事物模式所指的是什么？我认为，人类练就这类本领可能通过这样三条渠道：第一是借助于动作。如果我们知道许多事物，可是我们对之并无相应的表象和词语，那么要用语言或图形、照片来把这许多事物教给别人就很困难。如果你试图训练某人打网球或溜冰，或者教一个孩子学骑自行车，你一定会深切体会到，这类教学过程要用语言或图解方法进行是无能为力的（前几年我曾听说过有位航海教练让两个孩子做一次大声呼喊'出干线抢风行驶'的比赛；孩子们懂得这句话的每个单词，可是这个句子同他们的肌肉活动并不发生联系。这是一种很糟糕的训练作业，很像目前学校里使用的那样）。第二是表象系统，它依靠视觉或其他感觉组织和各种概括化映象的使用。我们可以像曼德勒在其实验中所做的那样，在一个装有许多反复电路开关的迷宫里设法摸索前进，当我们想方设法对此迷宫了解到一定透彻程度之时，我们便会识别一条可看清的小道或迷宫的结构布局。我们曾经把上述第一种表象称为动作式表象，第二种称为映象式表象。映象式表象主要受知觉构造的各种原则和阿特尼夫描述的知觉构造的各种简约变换过程所控制，即受外推法、内插法、推断法所控制。动作式表象，则是以某种学会做出反应和形成习惯的动作为基础的。

　　"最后是通过文字或语言形成的表象，其特点是具有符号的性质，即具有符号系统的一些特征，这一点只是到现在才被人们逐渐理解。符号或文字是人们任意规定的（正像霍基特所说的那样，在符号与事物之间并没有任何相似之处，因此鲸鱼这个词就可以代表一种极大的动物，而微生物就可以代表一种极小的动物），它们可以涉及离得很远的东西，因此几乎总是有构成新词或衍生新词的高度能力。也就是说，一种语言或任何符号系统都有形成和变换句式的各种规则，它们能超越动作或映象所可达到的范围而在最大程度上反映出现实的东西。[1]"

在这部分我们可以看到布鲁纳在对人类的认知过程进行了深入的探索之后，从发展心理学的角度研究了个体的智力发展特点，区分出了个体智力发展的几个阶段；根据儿童智力成长的规律提出了促进其成长的方法措施，并且总结了个体智力成长的模式。

布鲁纳关于智力发展的理论深受皮亚杰的影响，这一点在对于《教育过程》的相关论述就可以看出。布鲁纳的认知发展理论的观点可以视为是对皮亚杰认知发展理论的继承和发展。布鲁纳认为学生的认知发展不再是联想或者刺激——反应联结的逐渐增加，而是结构上迥异的具有阶段性的质的过程。但是，他与皮亚杰的智力发展理论存在不同之处，其一，布鲁纳不像皮亚杰那样强调个体认知发展的先天因素，认为个体的认知发展主要受后天环境的影响。其二，是布鲁纳这些阶段并不固着于一定的年龄，而是具有一定的流动性，或者发展得慢一些，也可能会快一点。

布鲁纳把学生的认知发展划分为与皮亚杰的前运算阶段、具体运算阶段和形式运算阶段大致相当的三个阶段，如表所示：

表1 布鲁纳和皮亚杰相对应的认知发展阶段

布鲁纳	皮亚杰
动作表征阶段	前运算阶段
映象表征阶段	具体运算阶段
符号表征阶段	形式运算阶段

从动作表征阶段到映象表征阶段再到符号表征阶段，构成了个体发展的整

---

[1] 布鲁纳教育论著选[M].北京：人民教育出版社，1989.97—104.

个过程。布鲁纳认为大约5岁以前儿童都处于动作表征阶段，他们"从动作中认知"，即他们的认知多数是透过行为而产生的，他们的表征是与他们手足的直接动作联系在一起的。儿童是凭借自己的认知结构去把握事物、再现事物表象的。6、7岁到10岁的儿童的认知发展是把事物当作视觉或听觉的想象、动作掌握或表现的状态，它以内在意象为基础。例如，若问"这里各有5个和3个苹果，一共有几个苹果？"处于动作表征阶段的儿童要用手指具体地数一数之后，才回答得出。但处于映象表征阶段的儿童，只须看一眼，就可以回答。布鲁纳认为这是映象表征简约了动作表征的缘故。在映象表征中，对一个刺激，可以对它所具有的两个以上的部分做出反应。布鲁纳曾做过一个实验验证了这一点。给A和B玻璃管都加入相同高度的水（A比B粗）。让4岁—12岁儿童观察，并让他们回答这样的问题："哪一个管子更满？哪一个管子更空？"结果为"A管更满，而且更空"，回答的年长儿童比年幼的儿童更多（5岁儿童27%，6岁52%，7岁68%）。这表明年长的儿童（处于映象表征阶段）是将A、B两管的水的部分和空的部分同时加以比较，这是一种比动作表征更为复杂的认知现象。符号表征是以抽象的、任意的和更灵活的思想体系为基础的阶段。它是依靠语言符号来表征事物的认知方式。语言是由内容和表现该内容的简洁的符号构成的。复杂的图像可以用简洁的符号来表达。符号表征比映象表征更概括。语言将图像简洁地符号化，可以随时自由地从大脑里存取，并使交流更自由、更容易。另外。由于语言具有生成及转化的功能，这使符号表征也具有这种生成和发展的原动力。处于符号表征阶段的儿童能够把握事物的本质，并理解事物之间的逻辑关系。符号表征是最高级的认知阶段。

智力成长问题是布鲁纳教育心理学研究的一个核心论题。从早期的问题解决、概念形成研究到后来的思维和感性认识等认知过程的发展情况研究，都与人的智力成长过程有密切的关系，可以说，它们都是智力成长问题的子课题，这些子课题的研究为揭示智力的成长问题做出了各自的贡献。

　　布鲁纳曾试图建立一门"成长科学",这门科学将囊括一切有关认识人类成长过程和促进这个过程的领域。一般来说,人类根据所掌握的有关规律通过教育使儿童能够迅速地从完全无助的状态转变为具有一定的控制能力、能够控制环境等。人的成长涉及很多方面,科学家的许多工作都与探索成长的问题有关。就拿教学来说,它实际上是帮助或促进人成长的一种努力。人们根据有关成长的知识来为儿童设计适合其特点的教学,并建立各种教育理论。这些理论阐明如何利用各种手段来帮助人成长。如这部分内容显示的那样,布鲁纳提出了六项衡量一个人智力成长程度的标准。

第五章　《发现的行为》与《教育的适合性》

一、发现的行为

布鲁纳在《发现的行为》与《教育的适合性》中的第四部分"发现的若干要素"两篇文章中，详细地论述了"发现学习法"的本质与概念。《发现的行为》（The Act Of Discovery）一文发表于《哈佛教育评论》（1961）上，不少教育学家把这篇文章理解为"教育学的一个学派"，是理解布鲁纳"发现学习"的重要篇目。

"我认为，发现不限于那种寻求人类尚未知晓之事物的行为，正确地说，发现包括着用自己的头脑亲自获得知识的一切形式。

"我之所以关心发现，直接的原因是出于美国50年代末发展起来的各种新课程计划的工作。人们跟数学家谈也好，跟物理学家谈也好，跟历史学家谈也好，反复遇到的课题，通常是对巨大效果所表现出来的一种信念，而这样的效果恰好来自准许学生亲自把事物整理就绪，使自己变成发现者。

"首先，要弄清楚发现行为需要什么条件。在知识或其他领域里，发现新事实是难得的。犹如碰上了牛顿（Newton）所提到过的那种境遇，即在未经测绘茫然无知的汪洋大海中想正确地找到某些岛屿的情况。如果那些岛屿似乎真是按那种情况而被发现了，可以说，其间必然由于对向何处航行有某种恰当的假设。发现，与惊奇（surprise）一样，偏爱训练良好的头脑……

"科学史上满载着人们发现了事物而不知之的实例。我将运用这一个假设，即发现，不论是在校儿童凭自己的力量所做出的发现，还是科学家努力于日趋尖端的研究领域所做出的发现，按其实质来说，都不过是把现象重新组织或转换、使人能超越现象再进行组合，从而获得新的领悟而已。有理由说，新的事实或片断的迹象使得这种大量转换的现象成为可能。但是，要做到这一步往往不仅仅依靠新的信息。

"儿童，听其自然的话，将会在规定范围内自行发现事物，这是理所当然的。某种教养儿童的方式，某种家庭气氛，将会使某些儿童比其他一些儿童更能成为发现者，这也是理所当然的。

"这是两个很有趣味的课题，但是，我不打算去讨论它们。我宁愿把自己限定在思考教育环境尤其是学校环境里的发现即学生自行寻找这问题。我们教师的目的在于：我们应当尽可能使学生牢固地掌握学科内容，我们还应当尽可能使学生成为自主而自动的思想家；这样的学生当他在正规学校教育结束之后，将会独立地向前迈进。言归正传吧！最后我想谈谈对于学生想发现的态度进行鼓励的课堂提问和教学作风。为了使讨论有明确的方向起见，我想把讲解式（expository mode）的教学与假设式（hypothetical mode）的教学加以很简单化的区分。采用讲解式教学，讲解的方式、步调与作风，主要是由作为讲解者的教师决定的；学生只不过是听者罢了。如果我可以按结构语言学的用词来说明的话，那么，在做决定方面，说话者就比听者有很不相同的定向（set）。说话者进行构思时大有选择的余地，他默默地预察段落内容；而听者却依然专心致志于一字一词；说话者借助各种转换方法处理材料内容，而听者却完全意识不到这些内部的操作（internal manipulation）。采用假设式教学，教师与学生便处于更合作的状态，而且考虑到语言学上所谓说话者的决定。学生不是静坐在课椅的听者，而是投入系统的阐述中，有时还可在其间担任主要角色呢！学生会意识到可资选择的方法，甚至可能对这些方法有一种'似曾相识'之感。当信息来到时，学生不仅能接受它们，而且能加以评价。虽然人们还没有对上述两种教法的过程在细节上表述得很精确，但我认为据上所述已足以表明其意义之所在了。"

1.智慧潜力

……

"我现在根据这样一个假设来提出我的主张，这个假设便是强调学习中的发现确实影响着学生，使之成为一个构造主义者。这时学生对遇到的事物加以组织时所抱的态度，不仅想发现规律性与联系性，而且还想使信息不致陷于放任自流的状态，以保证信息随时发挥其可能发挥的作用。试问，这是学习各种技巧来解决问题和转换信息以期更好地加以利用的必要条件吗？这确是学习如何进行真正的学习的必要条件吗？亲自发现的这种实践，可使人按照一种促使信息更迅速地用于解决问题的方式去获取信息。我们做的假设便是如此。它仍有待于检验。这是一个对人类有着如此重要意义的假设，所以我们不能不检验，而检验必须在学校中进行。

2.内在的动机与外来的动机

"使儿童的认知活动有效率的问题，多半在于：应让儿童摆脱周围环境所给以的奖惩的直接控制。那就是说，出诸回答双亲与老师的赞许这类奖赏和避免遭受失败这类惩罚的学习，可能过早地形成这个样子，即儿童千方百计寻找怎样与人们对自己的期望相一致的线索或暗示⋯⋯

"我在这里提出的假设,既想达到一个人要能把学习方法作为有所发现而非有所习得的一项任务;又想达到儿童特有一种倾向性,即用自我奖赏(self-reward)这一自主性来展开他的学习活动,说得更确切些,便是儿童以发现作为奖赏而自行进行学习的活动。

3.记忆的保持

"人们可以列举无数的研究结果表明:信息的任何组织,如果因把信息嵌进一个人业已构成的认知结构之中而减少了材料的极度复杂性,那就会使那类材料比较易于检索。总之,我们可以说,记忆过程,从检索的角度看,也是一个解决问题的过程。如何能把材料嵌入记忆之中因而得以随要随取呢?

"我们可以采取施展自己的技巧把一对对配对词联系起来的儿童这个实例作为一个起点。你会记住,他们的成绩比用主试者讲述而给以中介物的那些儿童(事实上他已具备中介作用)来得好。因此,我建议:一般说来,按照一个人自己的兴趣和认知结构组织起来的材料就是最有希望在记忆中'自由出入'的材料。那就是说,它们多半是遵循着与一个人自己的智慧航向相联系的路线安置妥帖的材料。

"总之,亲自查明或发现事物的特性的真正态度与活动,看来必具有使材料更容易记忆的效果。" [1]

二、《教育的适合性》之《发现的若干要素》

《发现的若干要素》(Some Elements of Discovery)一文是布鲁纳在社会科

---

[1] 瞿葆奎.教育学文集.教学(上册)[M].北京:人民教育出版社,1988.583—599.

学研究会的教育与发展委员会1965年组织的一次会议上所做的报告,后来刊登在舒尔曼(L.Shulman)和基斯勒(E. Keislar)合编的题为《发现学习》(learning by Discovery)一书中。布鲁纳认为他之所以被邀出席该会,是因为在1961年的《哈佛教育评论》上发表过题为《发现的行为》(The Act of Discovery)一文之故。不少教育家把这篇文章理解为"教育学的一个学派"的基础,而布鲁纳认为这个原来为了突出自我指导与意向性的重要作用而阐述的发现的概念,已经变得与它涉及的范畴不相干,转而以它本身为目的。某些教育家认为发现本身好像就有价值,而且自然会有价值,竟不管它是什么样的发现,也不管它对谁起作用。这篇文章就是要纠正过去对有关发现这一概念的一些误用。

"我不能十分肯定,说我现在已懂得了发现是什么;我也不认为这有多大关系。但是在关于怎样帮助人民,使他们能够亲自发现一些事物这方面,我还有话可以一说。"

(一)影响发现的要素

"首先要说一句告诫的话。研究教育,不能不考虑文化是怎样传递的。如果说文化在人类适应环境的过程中居于中心地位,在我看来,这很不可能。事实上,文化之为人类服务,和形态学方面的变革之早先按进化论的尺度为人类服务所采取的方式是一样的。而且,如果那样的话,则从生物学的角度来看,人们就会指望每个有机体去重新发现其文化总体,而这似乎是极不可能的。再者,假定人类依赖性的本质跟动物一样,那么,我们人种的依赖性周期之所以搞得如此之长,完全是为了使效率极低的技能能够重新获得经过长期搜集到的东西,即发现,——这似乎也是不可能的……"

1.探索情境

"因此,在文化范围之内,使人之成为人所必不可少的学习的最早形式,与其说是发现,不如说它具有模型(model)。模型之不断供应,在两人之间来回往复地反应之后再对个人反应所产生的不断反应,便组成了易于理解的模型所支配的'创造'学习。

"如果你要谈论创造,人类特有的学习,也许是最基本的形式即是某些模型的创造,这些模型很可能是人类神经系统的深沟特性(deep-grooved characteristics)的产物,并由成人多次塑造而成形的。所以,不论你的看法怎样。你无法真正回避'发现是教育儿童的主要手段'这个非常普遍的论断。有一点是显而易见的,人类学习中似乎有个必不可少的成分,它像发现一样,是尽力探索情境的机会。"

2.学习的可迁移性

"怎样教儿童利用材料的问题,据我想,可再分为六个小问题:

"第一个是态度问题。你怎样安排学习,使儿童认识到,当他掌握了信息,他便能超越信息;使他认识到,他所学过的论据,同其他资料和情境之间存在着联系。他须有这样的态度:他能够有效地运用他的头脑去解决问题;当他掌握了一点点信息,他便能推断信息;当他有互不联系的材料,他便能使之联系起来。这基本上是个态度问题——这个将使他能够机敏地认识,他所学过的材料是他用以超越这材料的机会。

"第二个是一致性问题。你怎样引导儿童使他把正在学习的材料,同他自己的联系、区分、分类体系及参照构架配合起来去进行探索,使得他终于能够自己掌握它并从而能够按与他已经知道的事物一致的方式去使用信息?

"第三个是让儿童活跃起来，使得他能够运用他自己的能力去解题并获得成功，从而由于进行思考锻炼而感到鼓舞。

"第四个是让儿童在有关运用信息和解题的技能方面进行实践。

"第五个问题属于特殊的种类，我要说它是'自我循环问题'（The self-loop problem）。儿童在学校环境中学习时，会很频繁地做他自己也描述不出来的那种事情。

"第六个问题涉及我们灵便处理信息流，使之能用于问题解答这种能力的性质。"

3.运用自己的头脑

"第一个是态度问题。一般说来，'发现教学'所包含的，与其说是引导学生去发现'那里发生'的事情的过程，不如说是他们发现他们自己头脑里的想法的过程。它包含鼓励他们去说，'让我们停一停再考虑那个'；'让我运用自己的头脑想想看'；'让我设身处地试试'。在大多数人的头脑里（包括儿童的头脑），有大量比我们通常知道的、或比我们愿意试用的多得多的东西。你必须使学生相信（或用更好的办法，给他们举例说明），他的头脑里事实上存在着潜在的模型，它是很有用的。"

4.使知识成为自己的

"儿童正获得使他们能够从某个系统的一部分行进到另一部分的联系，当某些新事物来到时，他们就能找到适合的联系。你可以自担风险，称它为联想。就称它为联想来说，你忘记了正当他们处理语言中的词的类型和序次等观念时，他们行为中有条不紊的或恪守句法规则的性质。他们把工具看成是受某些需要的法则支配的——使事物稳定或把事物组合在一起的各种方式。但这些法则不像正式概念那么简单。就是这种约束力，这种经历，帮助解答一致性问题——即怎样得到与已确定的知识领域相联系的一些新知识，使得新知识在需要的时候能帮助重新获得那可能适合于它的东西。"

5.胜任力是自我奖励

"现在谈谈激活作用（activation）。我认为，由于使用材料、发现规律性、进行推断等等而给予的奖励，对活动来说，是内在的。奖励很可能超越好奇心的满足。它与罗伯特·怀特所说的效能或者胜任力等形式的动机作用一定很有关系。外在的奖励可以掩饰这种意向。当儿童指望得到某人给予报偿时，往往对能给予内在奖励的行为不甚关心。你很容易腐蚀他们全体，诱使他们去寻求你的爱好、你的奖励、你的分数。"

6.通过假说进行的问题解决

7.自我循环问题

8.对照的效能

"最末一点，怎样操纵发现，使之成为比较日常的事，而不是一时灵感的事。我们用于探究的效能最高的工具之一是对照。对照可以操纵，甚至可以自我操纵。的确，它能够成为习得的体验。

"我们相信，通过引导儿童探索对照物，儿童就更加可能按照一种方式去组织他的知识，这种方式可以帮助他在需要发现的特定情境中有所发现。我不必在这里给对照法做精辟详尽的辩护，只愿意指出，给一个概念下定义，事实上需要选择相反的事例；对照法的功效，就是由这个事实产生的。人类同直立熊、同天使、同魔鬼对照，是个不同的概念。准备好去探索对照物便具备了在可能适合的选择对象中选取一个对象的机会。"[1]

（二）发现学习

西方的教育家卢梭，裴斯泰洛齐、赫尔巴特、福禄培尔等人都从不同的视角推动了发现学习的发展。但真正使"发现学习"确立自己的地位是与布鲁纳的努力相关。布鲁纳比其他人更注意发现法的理论依据。布鲁纳认为："发现是教育儿童的主要手段。我们教一门科目，并不是希望学生成为该科目的一个小型图书馆，而是要他们参与获得知识的过程。学习是一种过程，而不是结果。学习不但应该把我们带往某处，而且还应该让我们在日后再继续前进时更为容易。"基于这种认识，布鲁纳倡导发现学习法。发现学习就是让学生利用教师所提供的材料，亲自去发现应得出的结论或规律。布鲁纳"发现学习"和"发现教学"以培养创新精神和实践能力为主要目的，即构建旨在培养创新精神和实践能力的学习方式及其对应的教学方式。其基本程序一般为：创设发现问题的情境→建立解决问题的假说→对假说进行验证→做出符合科学的结论→转化为能力。布鲁纳提倡"发现学习"，认为这种形式的学习旨在让学生理解基本学科结构、基本原理的发现过程，从而获得发现的经验和方法，激发学生的智慧潜能。布鲁纳的发现法在于培养学生的批判意识和怀疑精神，鼓励学生对现成内容的质疑和对权威的超越，赞赏学生具有独特性和个性化的理解和表达；积极引导学生从事实验活动和实践活动，培养学生乐于动手、勤于实践的意识和习惯，提高学生的动手能力、实践能力，从而达到创新的目的，最终养成一种自由的科学探索精神。布鲁纳关于"发现学习"建立了一整套的理论架构，其中包括

---

[1]　布鲁纳.布鲁纳教育论著选[M].北京：人民教育出版社，1989.338—350.

发现的要素,发现学习的一般步骤等。

发现学习是布鲁纳提出的一种学习方法,它是指让学习者自己去发现教材的结构、结论和规律的学习。这种学习方法要求学生像科学家那样去思考、探索未知,最终达到对所学知识的理解和掌握。不过,布鲁纳对"发现"的界定是比较宽泛的,它不仅包括人们探索未知的行为,还包括用自己的头脑亲自获得知识的一切形式。如他说:"不论是在校儿童凭自己的力量所做的发现,还是科学家努力于日趋尖端的研究领域所做的发现;按其实质来说,都不过是把现象重新组织或转换,使人能超越现象再进行组合,从而获得新的领悟而已。"

布鲁纳致力于探索人类智力生活中的发现行为。因为人们可以通过亲自的发现达到其智力的完备,并进而达到最高的至善。布鲁纳认为发现新事实是困难的,就像在茫然无知的汪洋大海中正确寻找到某些岛屿的情况一样,发现偏爱训练有素的头脑。

布鲁纳认为教育的目的在于:尽可能地使学生牢固地掌握学科内容,使学生成为自主而自动的思想家,在正规的学校教育结束之后,学生应能独立地向前迈进。根据这种教育目的,布鲁纳提倡采用假设式(hypothetical mode)教学方式,而反对运用讲解式教学方式(expository mode)。在布鲁纳看来,讲解式教学的中心是教室,学生只是一名忠实的听众。讲解的方式、步调与风格主要由教师决定。而在假设式教学中,教师与学生处于相互合作的地位,学生不再只是静坐听讲,而是要积极地参与学习的各种活动,并扮演重要的角色。布鲁纳认为发现学习法着重的是假设式教学方式,在这种教学方式中,学生能了解某种问题的各种选择策略,能对各种资料加以评价。

布鲁纳认为,在教育过程中教师必须引导学生自行去发现。如果"教师只关注了教材的传授，而不对所教的内容加以测验，不可避免地将引导儿童处于听众地位，他们的学习只是外在动机而已，学习为的是升学或使师长高兴，或表面上维持自尊罢了"。发现学习主要在于引导学生自行发现与评价。布鲁纳认为在这个过程中，最大的敌人是在心理上首先假定个人不可能有所发现。有两种不良的习惯性态度影响到发现学习：其一是，一种人根本就懒得思考，认为他没法发现；其二是，认为走马观花就可以有所发现。这两种学习态度，直接妨碍到发现学习的效果。布鲁纳认为，"一个人在其学习环境中寻求去找出规则及其关联，他必须用发现某事物的期望来武装，一旦被期望所召唤，他一定会设计各种探询和发现的途径。"

布鲁纳是从情境的性质来说明发现学习的。发现学习的过程实际上是一种探索过程，在这个过程中教师十分注重对学习情境的了解与安排，并使学生掌握学习的探索方法。在学习中不但允许学生学习教师所提供的材料，而且要求学生按他在解题中使用的信息的方式来学习有关哲学方面的材料。

布鲁纳通过以下六个方面来说明如何教学生探索利用学习材料的问题，包括运用自己的头脑、使知识成为自己的、胜任力是自我奖励、通过假说进行的问题解决、自我循环问题、对照的效能。

通过阅读布鲁纳的发现学习的相关论述反观我国传统的教育，发现我们的传统教育以教师的教为核心，注重教师讲授；课堂气氛呆板僵化，模式单一；学生被动接受，重复、再现教师教授的内容；以统一的教科书为标准，注重精确，不容超越；重视知识的传授、忽视智力和能力的相应开发，不利于思维能力的锻炼，以考试成绩作为衡量学生水平的唯一标准。在这种环境下成长，不利于青少年培养丰富多彩的个性、活跃的思维和创新能力，也不利于发挥教师和学生的主观能动性。在新课程改革大力推进、多种教育理念和方法蓬勃兴起的今天，很有必要引入"发现法"的合理内涵，注重"发现教学"与"发现学习"并举，提高教师的教学水平和科研能力，培养学生主动发展和丰富个性，大胆突破陈腐观念的束缚，建立合理的教学模式，因地制宜，科学、谨慎地应用到教学实践中去，提高教学效果和学生学习效能，真正实现"以学生发展"为主题的教育目标，并最终实现教育价值在人的个体上实现。

布鲁纳的"发现学习"，强调的是学生主动的认知和发现，也就是建立一种以学生为中心的课堂教学模式（注重过程）。在我国的中小学课堂中，可以进行一些"发现式"教学的探索，比如教师提出的问题要尽量使学生感兴趣；提出来的问题要让学生体验到对该问题的某种程度的不确定性，以激起学生的"探究反射"，即好奇心；由教师提供解决问题的多种可能的假设；协助学生查阅和搜集可靠的信息资料；组织学生审查这些信息资料，得出应有的结论；引导学生用分析思维去证实结论，最后使该问题得到解决。虽然布鲁纳的"发现学习"理论强调的是学生的学习过程，但如果正确结合了我们的教学实际，运用适当，同样可以取得较好的学习结果，达到教学目的。

同时我们要在激发学生的学习兴趣的同时，注意培养学生的内部动机。布鲁纳不主张利用外部动机（如精神刺激、物质刺激等）来激发学生学习动机的做法，而是大力提倡学生内部学习动机的提高，帮助学生摆脱周围环境所给予的奖惩的直接控制，以"发现"作为学生取得学习成绩的奖赏，让学生自主地学习，逐渐养成具有方向性、选择性和持久性的学习行为和习惯。具体来说，应从以下三个方面入手：第一，要注意利用知识的不确定性来激发学生的求知欲，帮助学生维持学习探索活动的热情。第二，教师在教学过程中要及时进行学生学习结果的反馈，使学生产生心理上的满足感和成就感。第三，充分利用学生的好奇心来激发学生的内部动机。

"发现法"注重对学习过程的设计，在充分发挥学生主观能动性的基础上，使学生调动自己的经验、情意和创造力，通过选择、重组，循序渐进地走近目标。教师要关注个体差异，加强指导，加强对全过程的监控，及时注意反馈，为每个学生提供积极的环境，使每个学生都能参与其中。"发现法"的应用引发了我们在教育评价方式方法上的探索，教育评价应导向促使每个学生的潜能、倾向、个性能充分发挥，培养规格多样、丰富多彩、各尽所能的人才，逐渐杜绝简单划一的培养和评价模式。

第六章 《布鲁纳教育文化观》

布鲁纳作为这个时代最富有影响及感染力的心理学家和教育学家之一，在其有关教育的著作中提供了一种广延的综合观察和思考，包括主题性质的结构、儿童发展、感知、思维、语言习得的过程、教学的认知等等。布鲁纳1960年出版的《教育过程》就是将以皮亚杰为代表的认知结构发展阶段理论引入到教育实践现场，其对儿童感知、学习、记忆以及认知规律的其他方面所做的研究不仅影响了一代教育者，更影响到美国当时的课程改革等教育制度。在20世纪80年代末，即在他凭《教育过程》一书在世界享誉三十年后，其思想发生了重大的转折。当年他以结构主义发展论向当时流行的行为主义和刺激—反应的学习理论提出挑战，使认知、思维和心智的心理学研究与计算机科学的人工智慧理论相结合逐渐形成认知科学，被誉为"第一次认知革命"。但他后来从根本上转向了另一心理学范畴，即类似维果斯基（Lev Vygotsky）的社会历史心理学，或者称作以文化论为基础的心理学，即所谓的"第二次认知革命"。1996年出版的《教育文化》（The Culture of Education）是其在教育心理研究上的最新的一本专著，集中反映了布鲁纳在文化心理学领域"对教育与文化关系所做的富有洞见、发人深省以及充满前景的创见性思想"。[1]

---

[1] Kirkus Reviews, cited from: Jerome Bruner.The Culture of Education, Copyright. Harvard University Press, Back Cover (1996).

《教育文化》集成了布鲁纳在20世纪90年代所撰写的一系列论文，将教育看成是社会文化过程的一个组成部分，并将这一观点建立在文化心理学的基础之上。布鲁纳的教育文化论，以三个重要的概念为基础，它们是文化、心灵、教育。因此，布鲁纳的理论，既是一种文化观，又是一种教育观，还是一种心灵观，三者合在一起构成了布鲁纳文化教育观的基本框架。

文化、心灵与教育

"本书中的各篇论文都是20世纪90年代的作品，而这个年代是认知革命（cognitive revolution）产生依赖，对于人类心灵本性的理解发生最根本改变的年代。用回顾的观点来看，现在变得很明白的是：对于心灵如何发生作用，有两种迥异的理解，而这些改变乃源自此一差异。其中第一种理解的基本假设是说：心灵可以视为一种计算性（computational）机械装置。这不是什么新鲜的想法，但在新近发展的计算机科学里，却被以一种有力的方式重提。而另外一种理解则提议道：心灵的构造和实现都是通过人类文化的作用。以上两种看法对于心灵本性的理解以及心灵应该如何培育的问题，就导向非常不同的观念。每一种理解引导它的跟随者沿用截然不同的策略来探究心灵如何作用，以及心灵的作用如何可通过'教育'来增进。

"第一种叫作计算的观点（computational view），所关注的乃是信息处理（information processing）的问题：关于世界的一些有限的、编码的、明确的信息如何被写定、分类、存档、核对、提取，以及如何使用计算的机械装置来做管理。它把信息看成某种给定物或某种已经被安置于确定关系之中的东西——而这种安置乃是放在早已存在且完全依循规则而制成的符码所划成的世界地图之上。

"计算机科学对于教育的行为做出了一些有趣的基本宣称,虽然它们可以给教育家们上哪门特定的科目,目前还不清楚。有一个相当普遍且不无道理的信念是:我们应该可以从有效地制作计算机程序的知识中发现一些东西,使我们能更有效地教人学习。譬如说,我们几乎无法怀疑计算机可以对学习者提供有力的学习辅助工具,使他能够精通各种知识系统,特别是那些已经能够清楚界定的知识。

"讲得更深一点,我们还更加不能确定的是,到底一个老师的工作中有多少是可以'转包'给计算机的,即使我们说是在理论的想象上最能'反应'的计算机。这意思不是说:程序合宜的计算机不能取代一些例行的教学历程,因而使教师的工作负荷得以减轻。但那却不是我们的议题所在。因此,自从谷登堡发明印刷术之后,印制的书本就已经开始带有这种功能了。

"我们的议题毋宁说是:到底计算观点本身对于心灵如何运作的问题,是否提供了够广的视野,以便能引导我们去'教育'它自身。这是个微妙的问题。因为在某些方面,'心灵如何运作'的本身就须仰赖它所能运用的工具来决定。

"这就把我们直接代入第二种关于心灵本性的观点——我们就称之为文化论(culturalism)也罢。它的灵感是来自演化的事实,也就是说:心灵要是不通过文化,就根本不可能生存下来。因为人类的心灵乃是和一种生活方式的发展紧紧相连，其中，'现实'经由一种符号构成（symbolism）而再现（represented），而这种符号构成又是由一个文化社群的成员所共同分享的，他们必须通过这种符号构成来组织和构想他们的技术/社会生活。一个社群不只是共同享有这种符号模态，他们还将它保留、琢磨、并传递给下一代，并且就是通过这样的传递，才使得他们的文化认同和生活方式得以维持不坠。

"在这种意义下，文化乃是超有机体的（superorganic），但它也一样会塑造各个个体的心灵。它在个体表现上与生俱来的方式乃是意义的生成（meaning making），也就是对于各不同场合里的各特定事物都赋予意义。意义的生成包含了和世界遭逢时的事态以及将此事态置入文化的合宜脉络里，以便能知道'那是怎么回事'。虽然意义是'在心灵里'，但意义的根源和重要性却来自文化，因为它确实是在文化里创制出来的。意义的这种置身在文化事态中的性质（cultural situatedness）正是它之保证可以商议、可以沟通的道理。

"所以，虽然文化本身是人造的，但它却也形成了确然的人类心灵工作方式。以此而观之，学习与思考永远都是置身在文化情境里，并且永远都需要依赖文化资源的使用。甚至于心灵在本质上和用法上的个体变化，也可以归因于各个相异的文化情境所提供的各种不同机会，只是这并非心灵功能变化的唯一根源罢了。

"文化论就像它的旁系亲属——计算论一样，也致力于将心理学、人类学、语言学以及广泛的人文科学之所有的洞识搜罗起来，以便能重造一个心灵的模型。但这两种观点这样做，却是由于迥然不同的目的。计算论，就其现有的最大表现来说,其兴趣在于信息如何被组织运用的各种方式和所有方式的总和——而这里所说的,就是上文提到的形式完整和有限意义之下的信息,它不管信息处理历程到底实际上用的是什么形式。以这样的广义来说,它不必去管任何学科界线,甚至连人类和非人类之间的界线都不用管。但是,在另一面的文化论却只在意人类如何在文化的社群之中去创造以及转换意义。"[1]

　　布鲁纳在《文化、心灵与教育》中首先区别了两种对于心灵的假说,其实也就是对于认知主义的反思。布鲁纳在其成名作《教学过程》将教育概括为认知过程,并以此来指导60年代美国的教育改革,在实践中取得了一定的成绩,但也暴露了认知主义教育观重认知、轻文化的缺点。在弱势群体、外来移民群体的圈子里,教育改革成效不大,引发了众多的批评。这些批评促使布鲁纳对认知主义进行了更深入的反思,最终转向了文化主义。布鲁纳晚年时将自己的立场概括为"文化主义"(culturalism),而将早先流行的认知革命的弊端概括为"计算主义"(computationalism)。布鲁纳认为,认知主义原本该是一个视野宽阔的运动,充满对人性与意义的关怀。但由于种种原因,认知主义发生分化,最有影响的一支反而是"计算主义",将心理学变成了计算机科学。布鲁纳认为,这是认知主义的不幸。布鲁纳认为,认知主义虽有局限性,但仍有其合理性,问题出在狭隘的"计算主义"身上。因此,"文化主义"的对立面是"计算主义",而不是"认知主义"。20世纪50年代,认知心理学吸收了计算的概念,这是因为那时计算机神奇地表现出了人类的某种智能。随着硬件的迅速发展,计算机的信息处理能力大幅度提高,使认知心理学有了实验的基础。基于人类认知的能力和计

[1]　布鲁纳教育文化观[M].北京:首都师范大学出版社,2011.99-102.

算机模拟，认知过程开始被看作是信息处理的过程，可以完全通过计算来理解和解释。这个思想所暗示计算机的隐喻已经被总结为"心智之于大脑，就像程序之于硬件"。这个导向思想最终辅助了认知科学的诞生，建立关于心智的计算主张，即把认知计算主义作为研究纲领。

认知科学的核心是"认知的本质就是计算"，其含义就是，作为信息处理系统，描述认知和智能活动的基本单元是符号，无论是人脑还是计算机，都是操作、处理符号的形式系统，认知和智能的任何一个状态都不外是计算机的一种状态，认知和智能的任何活动都是计算意义上的。其中，所提及的符号不限于人的符号系统，任何可以被认知器官或认知功能分辨的有意义的模式都可以归入符号系统，而心灵的作用就是对于这些符号的计算。而布鲁纳所说的文化，也是以符号形态呈现的活动体系，它由宏观与微观两个层面组成。从宏观上看，文化呈现为庞大复杂的符号体系，这些符号与体制、权力、名声等联系在一起。它表现为由各种价值观、权利、交换关系、义务、机会、权力组成的体系。这些成分构成一个体系性的整体，对体系中的个人施加了种种影响，提出了各种要求。从微观上看，作为在文化体系之中活动的个人，他们每天都必须与文化体系打交道，他们将这个庞大体系看成是一个有用的工具库，通过符号性的交换活动，从中获取文化工具，组建自己的工具包，用以对付这个体系，并建构起一系列的实体、自我、能力，借此实现自己个人的天赋。布鲁纳在《文化、心灵与教育》的开篇就表明了自己的文化主义的观点，在对于心灵的运作的剖析中使自己脱离了认知主义的藩篱。

"文化论者所走的教育取向是用很不一样的方式。文化论的第一个前提是：教育不是一个孤岛，而是文化这块大陆的一部分。它所问的第一个问题是：'教育'在文化之中的功能是什么？在那些文化人的生命中，'教育'到底又扮演了什么角色？另一个问题则是：为什么教育会如此被安置在文化之中？而这种安置的状态又如何反映了权力、地位以及其他利益的分配？无可避免的是，在一开始，文化论也一定会问：让人能够有能力去因应其处境的资源，又如何通过'教育'的体制取得？而更令人关切的则是：通过教育历程而强加的限制，其中有外在的，譬如学校和班级的组织，或教师的征选方式；也有内在的，譬如根据天生的素质而做的自然分配或强加分配，因为天生素质可以被符号系统所取及而受影响，其影响程度就像基因中的分配一样多。

"文化论的工作任务是双重的。在'巨观'层次，它将文化视为一套包含各种价值、权利、交换、义务、机会和权力的系统。而在'微观'层次，它检视文化系统的要求如何影响了那些必须在其中运作的人。以后者的精神来说，它专注于个体人如何建构'诸般现实'（realities）与各种意义，以便能使他们适应于系统之中，同时也注意在此行动中个人要付出什么代价以及他们可以期待什么结果。文化论对于影响人的功能者虽然不曾暗示任何特定的心理——生物条件限制观点，特别对于意义的生成更不如此观之，但它通常只把这些限制视为当然，然后要思考的是：文化以及其中所形构的教育系统会如何来处置。"[1]

布鲁纳认为，学校是教育的一条途径，而教育则是文化的一个功能。因此，要认识学校的本质，不能将视野局限于学校内部，而应放眼于学校赖以存在

[1] 布鲁纳教育文化观[M].北京:首都师范大学出版社, 2011.110—111.

的整个文化体系,将学校看成文化的一个组成部分,只有这样,才能对学校做出切合实际的定位。在此大框架下,才能对学校的内部运行机制给出恰当的答案。

布鲁纳对于学校教育的文化观点也是基于对以往研究的反思。布鲁纳认为,认知主义的教育观存在着严重的不足,它没意识到学校仅是教育的多种存在方式之一,往往是就学校研究学校,从而将学校变成了一个孤岛。它脱离文化的发展,抽象、孤立地考虑教育,将教育化简为学校,再将学校化简为课程,接着将课程化简为个体的信息处理能力,最后将一切化简为教学的技术细节。依照这种简化的教育观,教育的核心问题是课程、教学标准、测试考核等技术细节。这种教育观并没有回答以下广受关注的问题:教育应培养什么样的人?在一个迅速变化的世界上,如何培养出适应时代变革的学生?教育是否应当以及如何能够对不同天赋、不同阶层的人都一视同仁?教育是否应该对教育的社会后果负责?认知主义教育家往往不关心这些问题,从而产生了脱离实际的弊端。因此,教育文化的核心问题应该是:人类社会作为一个巨大的文化有机体,教育应当承担何种功能?扮演何种角色?社会应当(以及能够)给教育提出什么样的要求?这些问题的答案变了,关于具体的课程、标准、测试等技术细节也会发生相应的调整,因此可以说,上述技术细节的意义就存在于由上述大问题有着紧密关联的文化大背景之中。

教育与文化之间的关系在教育理论界一直是一个受人关注的话题。布鲁纳在文化和教育之间建立的连接点是心灵。心灵运作的机制是文化论的,也就是文化——心理理论，使得文化作为一种心理结构，影响到了对于教育的设计不能像以往一样基于学校内部的"计算式"的改革，而应该是基于一个更大的、文化的背景来思考教育的目的、教育的功能以及教育在社会文化中的角色。这些对于教育的基本问题的思考直接决定了一个社会的教育改革的方向和进程。

布鲁纳对于文化的设定是和三位社会人类学的大师的影响分不开的。一位是象征主义人类学家格尔兹，第二位是列维·斯特劳斯，第三位是皮埃尔·布尔迪厄。格尔兹在其成名作《文化的解释》中认为，"人是悬挂在由他们自己编织的意义之网上的动物"，[1]而文化就是意义之网。格尔兹认为文化是一种通过符号在历史上代代相传的意义模式，它将传承的概念表现于象征形式之中，通过文化的符号体系，人与人得以相互沟通、绵延传续，并发展出对于知识以及生命的态度。列维·斯特劳斯将文化看成是符号与物品的交换系统。而布尔迪厄更进一步，将体制界定为符号交换的市场。在其中，人们相互交换自己的已习得的技能、知识，为了博得"杰出名声"或优越地位而建构意义的方式。

布鲁纳强调，作为一种体制，学校是文化的工具，是将文化的宏观面传送给个体的途径之一。在这种教育文化观中，文化的宏观面与微观面之间存在着相互的竞争。文化在整体上呈现为一个高度刚性的体系，依照体系自身的规律对个人提出了种种要求，而个人则处于应付、适应这个体系的被动位置。但这并不意味着人们没有创造世界、掌握自己命运的可能性。这一转折出现在人类心灵特有的运用叙事手法建构实体、塑造自我的能力。纯粹依赖科学方法，无法

---

[1] 克利福德·格尔兹.文化的解释[M].上海：上海人民出版社，1999.5.

解决个人与文化整体的矛盾，文学叙事的引入，才为个人找到了合理解决的希望。简单地说，布鲁纳在这篇文章中通过对于观点的主张；对于限制的主张；对于建构论的主张；对于互动的主张；对于外化的主张；对于工具论的主张；对于体制的主张；对于身份认同与自视的主张；对于叙事法的主张等九个观点，从不同侧面来阐述心灵在文化脉络中的形成。

"现在就让我谈谈：心理—文化取向的主张如何成为教育的导引。在这么做的时候，我会在心灵本质和文化本质的问题之间来回穿梭，因为一个教育的理论必然是位于此两者的交界之处。结果，我们经常探询的问题就会是一种互动——在个体心灵的力量和文化之协助或妨碍其实现的手段之间。而这就会把我们牵扯到一场无休无止的斟酌和衡量：一种文化认为好的、有用的、值得的生活方式究竟是什么？以及既然身处该文化中，那么，个别的人又要如何调适那些文化的要求？人在做此衡量时，该文化可能提供他什么资源？我们必须特别注意，这些都是直接和一个文化或社会如何管理它的教育系统最为相关的。因为教育就是一个文化生活方式最重要的体现，而不只是它的预备。

"以下就是心理—文化取向所表现的各种主张，以及这些主张在教育上可能的后果。

"1.对于观点的主张（the perspectival tenet）。首先是关于意义生成的。任何事实、命题或遭遇，其意义乃是相对于其观点或指涉架构之为何形构而定。

"以某一方式理解一事一物，并不排除其他方式的理解。以某一特定方式来理解的'对'或'错'，只是该方式的特定观点所追求的结果。然而这些特定的诠释虽然是依赖着观点的，但其中的'正确性'也会反映出证据、一致性、内在连贯性等规则。决不是什么都可以成立。正确性有其内在的规准，其他诠释成立的可能性也并没有一视同仁的权利。意义生成的观点论不能排除常识或'逻辑'。

"意义诠释所反映的并不只是一些个人特癖的历史，而是一个文化建构其现实的正典方式。任何事物都不会是'免于文化影响'的，但个人也不只是他的文化之单纯镜照。这两者间的互动一方面对于个人的思维会投下社群的影子，另一方面也会为文化的生活方式和思维情感加入某些不可预料的丰富性。

"那么，在文化中的生活就是一场交相作用，其作用的两方即是人们在机构体制支配下对世界所形成的版本，以及经由个人历史而对世界所形成的另一版本。这样的生活很难变成像一本单纯记载菜单的食谱，因为有个普世性的倾向，就是文化之中总包含着党派或机构的私利，毋宁唯是，任何个别的人对世界的诠释里也一定包含着个人特癖的判断，使之和文化总体的典型信念互相径庭。文化社群的典型判断虽然常常都被'理性'的和实质证据的规准所统辖，但也常被一些有心的投注、特殊的品味和利益以及对于文化价值的遵奉形式所支配，当其时也，人们总认为他们是在追求该文化中最好的生活、最体面的表现、最正当的地位，或最应握有的权力……

"'官方'的教育事业照例说就是要培养人的信仰、技能和情感，以便能传递和阐述它的背后那个文化雇主所理解的自然世界和社会世界。然而，我们在下文里还会看见，它还扮演一个很要紧的角色，就是要协助年轻人建构和维持一个叫'自我'的概念……

"有效能的教育乃是永远会和大文化本身发生龃龉，或是和文化之中的某些组成分子发生龃龉，特别是当它们专事于维持现状，而不是要促进文化的流畅性时。此其中衍生的一条次法则就是：当教育把它自己的诠释探究的视野弄得很狭隘时，它也就会把该文化之变化调适的能力变得微弱。而在当今的世界中，变化才是不二法门。

"总而言之，观点论的主张着重的是人类思维中的诠释面和意义生成面，但同时也认为：要培养这种深刻而属人面向的心灵生活，其内在的结果乃是产生很多不和谐的风险。教育就是具有这种詹纳斯（译按：两面神）的面向，才使得它自身不是变成带有些许危险性的追求，就是变成相当沉闷的例行事务……"[1]

心灵的形成在布鲁纳的教育文化观中是教育的主要任务，也是研究的主题。在布鲁纳所陈述的第一个主张中，布鲁纳侧重于探讨人类思维的诠释与意义的生成。人类对于自身以及周围事物的理解，都是一种心灵生活，而心灵在文化的交织中发生作用也就是一种对于自身以及周围所代表的意义自我建构的过程。布鲁纳特别强调任何意义的诠释都是在文化的脉络中形成，是个人在与世界的交互作用中形成的。在对于观点的主张中，我们已经可以看到布鲁纳在建构文化心理学的主要看法：第一，人与动物和计算机的本质区别在于人们能够互相理解彼此的心灵并进行沟通。第二，美好社会需要人人都能更好地理解他人的心灵世界，懂得如何积极有效地与他人交往、互动和沟通的文化技

---

[1] 布鲁纳教育文化观[M].北京:首都师范大学出版社, 2011.112-115.

能。

"对于限制的主张（the constraint tenet）。人类所能触及的意义生成之形式，在任何文化中都有两种重大的限制。其一是人类心灵功能本身的先天本性。我们这个物种在演化过程中造就了某些特定方式的认知、思维、感觉和知觉。即使动用最高的想象力，我们也不能建构出一个不受先前心灵状态之因果影响的'自我'。

"我们需要把自身理解为：受到自我产生的意欲（intentions）所驱使的'行事者'（agents）。而且我们也把别人看成这样……

"人类似乎都有这样的普同做法，就是把某些已经被诠释过的经验提名出来，并管它叫有棱有角、有板有眼的客观现实，而不叫'心灵之物'。通常，普通人和科学家都一样广泛地相信：那些客观事态的"被提名"方式就反映了某些思维和诠释世界的自然和本土的先天倾向……

"这些普同的作为，一般都会被认为是构成'人类心灵的统一体'，也可被视为人类在意义生成能力上的极限……

"我认为这些都是人类在意义生成上的限制，所以我才会把本节叫作'限制论的主张'。这些限制一般都被视为我们演化成为一个物种之时，所形成的部分'先天秉性'……

"虽然这些秉性限制可以反映人类演化的结果，但却不可视之为人类的固定天性……

"上述主张的教育义涵是既广泛又幽微的。如果教育意在使人增能

(empower) 到超过他们的天性之上，则它必须将文化所发展来用以达成此事的'工具箱'传递下来。对于任何一位在普通水平的现代大学中主修数学的人来说，其数学程度要赢过像莱布尼茨（Leibniz）这位'发明'微积分的人，其实并不困难——我们就是这样站在前辈巨人的肩上。显然可见的是，并非每个人都一样受益于文化工具箱的教导。但这并不意味着我们只该教导那些最有天赋、最能受益的学生。站在演化的观点上，像那样的政治和经济的决策乃是绝对不许发生的……

"在这段讨论之初，我提到人类心灵活动的两种限制。其中的第二种，一般说来，乃包含着被人类心灵所能取及的符号系统硬塞而来——这就是说，由语言所硬塞给人的限制——但说得更仔细点，是由各个文化所能取及的不同语言和记号系统所硬塞的限制。后者通常就称为沃尔夫—萨丕尔假设（the Whorf—Sapir hypothesis）其意是指：思想乃是在语言之中而得以赋形和表现的……

"至于'语言的限制'，我们还没法用任何确定性（或清晰性）来加以陈述。我们从来就不清楚：在心智的实际运作上，我们究竟是因为心灵天生的能力而能够使用某些观念，还是因为心灵所仰赖的符号系统本身使然……

"但对于'语言的限制'这个疑问，倒是对教育的文化心理学指出一个有意思的问题。我们所能肯定的乃是：意识或'语言的自觉'似乎可以减低符号系统所强加的限制。语言限制和沃尔夫假设真正的受害者乃是那些最不能对自己所用的语言有所知觉的人……

"在教育上的涵义着实有惊人的重要性。既然我们可以通过更有潜力的符号系统之助而得以超越心灵上的先天秉性限制，那么，教育的功能之一应该就是用这些必要的符号系统来把人类装备到足以达成此事。而假若我们使用的语言所硬塞给我们的限制可用增益'语言的自觉'来加以扩充，那么，教育的另一个功能就应是培养这种自觉。在以上两种情形中，我们或许不能成功地超越所有的限制，但我们应该能接受这种比较不过分的目标，说我们人类在理解意义和建构现实的能力上，是可以改善的。所以，总而言之，'对于思考的思考'乃是任何教育增能是建立的不二法门……"[1]

在这部分，布鲁纳意义是生成，或者说心灵的作用过程是受到两个因素的影响，一个是先天的本性，即认知、思维、感觉、知觉等等都不能脱离先天秉性的限制，第二个因素是语言的限制。在文化心理学或者说是第二次认知革命中，不仅是布鲁纳，很多社会学家、心理学家都注意到了语言在心理过程中的重要作用。

布鲁纳在这个主张中所提及的萨皮尔——沃尔夫假说是上个世纪语言学上具有重大意义的理论之一。萨皮尔——沃尔夫假说的核心是人的语言影响了人对现实的感知。他们认为现实世界在很大程度上是不自觉地建立在人们的语言习惯上的；语言不仅指示经验，而且规定经验。有多少种语言，就有多少种分析世界的方法。也就是说，世界上的语言不同，各民族对世界的分析和看法也不相同。在布鲁纳眼中，语言并非是具有确定意义的透明媒介，也并非是表达思维内容的中性工具，相反，语言是先在的，规定了思维的方式，为思维提供了

---

[1] 布鲁纳教育文化观[M].北京:首都师范大学出版社，2011.115—119.

基础。

布鲁纳在60年代发表的《教育过程》是基于第一次认知革命浪潮的，在第一次认知革命中，对于语言的判断还是传统的，认为语言是中性的、透明的，是人用以表达心理内容和心理状态的工具。依照传统心理学的观点，人的"自我""人格""动机""信念"都是独立于表述它们的语言的，这些心理现象是先在的、独立的，语言就像标签袋，我们可以从中自由地选择术语和词汇描绘这些内部状态。但是在文化心理学中，布鲁纳也随之转向认为语言影响限制了所谓的心理状态、心理过程，语言是先在的。这并不是说没有语言就没有这些内部状态，而是说人类是通过语言范畴来认识这些内部状态的，在我们出生之前，语言中就存在着"情绪""意志""动机"等范畴，当我们认识自己时，不得不使用这些语言范畴，因为这些语言范畴已经先于我们而存在了，如果不使用这些语言范畴，我们就无法让他人了解自己。所以，语言并不是一个中性的工具和媒介，相反，它为我们认识世界和自己提供了范畴和方式，它不是表达思维，而是规定思维。

因此在承认两个限制的同时，布鲁纳指出我们不能因为先天秉性的限制就把教育目标定位在先天具有优势的天才儿童上，同样我们如果能够超越语言的限制来完成教育的功能，那么通过教育培养"语言的自觉"就成了教育的重要目标。

"对于建构论的主张（the constructivism tenet）。我们把'现实'归于我们所寓居的'世界'，然而这现实却是一套建构之物。套句内尔森·古德曼（Nelson

Goodman)的话来说,'现实是做出来的,而不是找到的'(reality is made, not found)。现实的建构乃是意义生成的产物,又通过传统和文化思维方式的工具箱来加以形塑。以此而言,教育必须被理解为这样一种工作:协助年轻人类学会使用那些意义生成和现实建构的工具,以使他们更能适应他们所身处的世界,以及在过程上协助他们使之发生必要的改变。在此意义上,教育更可说是接近于协助人们去变成更好的建筑师和营造者……"[1]

布鲁纳在《教育过程》中,其心理学基础是在强调行为背后的心理过程,认为"在人们外显的行为背后存在着一个'认知机制',这个内在的认知机制接受输入的信息,加工信息,输出加工的结果,类似于计算机的信息加工过程。心理学的任务就是发现这个存在于刺激和行为反应之间的'认知机制'。而教育的任务就是,探索认知机制的特性和规律,按照这种特性和规律来规划课程并实施。但是从20世纪50、60年代开始,心理学家开始反对以行为主义为基础的认知心理。认为心理过程是人使用语言和话语的结果,而语言和话语是社会性的,是人际交流的产物,因此认知过程在其根本意义上是公开的、社会性的,其次才是私有的和个人的,从这个意义上讲,认知并不存在于个体的内部,而是存在于人际之间,因此布鲁纳才会受此影响转向文化心理学,而文化心理学认为知识是建构的,而不是现实的'映象''表征'或'表象',建构是社会的建构,而不是个体的建构。从反基础主义和反实在论的观点出发,社会建构论认为知识,特别是知识是人们在社会生活中'发明'出来的,而不是通过所谓的客观方法'发现'的。知识和知识的对象或知识所指涉的事物之间并不是一一对

---

[1] 布鲁纳教育文化观[M].北京:首都师范大学出版社,2011.119—120.

应的关系，更不是'反映和被反映''表征和被表征'的关系。'我们关于世界的叙述同那个世界并没有必然联系'。人们在认识的过程中总是以已有的概念、范畴、语言、话语作用于认识的对象，认识的过程是积极主动的建构过程，而不是被动的反映过程。建构发生在公众领域，是社会的建构，是人际互动的结果。建构主义者认为我们用于理解世界和我们自身的那些术语和形式都是一些人为的社会加工品，是置根于历史的和文化的人际交往的产物"。这是在建构论的基础之上，布鲁纳才说："协助年轻人类学会使用那些意义生成和现实建构的工具，以使他们更能适应他们所身处的世界，以及在过程上协助他们使之发生必要的改变。"

"对于互动的主张（the interactional tenet）。传递知识和技能，就像人类的任何交换行为一样，包含着一个互动中的次社群（sub—community），至少，要包含一个'教师'和一个'学习者'——或者，如果不是个有血有肉的教师，也该有个替代者，譬如一本书，一部影片，一场展演，或一台能'反应'的计算机……

"原则上，儿童是通过和他者的互动才发现文化之为物以及文化如何理解世界。和任何其他物种不同的是，人类会有意地在知识使用的情境之外，另进行知识的教导……

"我们西方的教育传统对于文化传递时所需的交互主体性，几乎没曾给过公平地对待。确实，这个传统一直只倚仗着对于信息明示的偏好，以致忽略了交互主体性的重要。所以，教导的意思就被纳入这个模子，想当然地认为应该有个全知全能的教师，明明白白地把学生所不能不知的知识，告诉或展示给一个全然懵懂的学生……

　　"所以，让我们回到最天真但也最基本的问题上：要理解学习的次社群之中的各个分子，什么办法才是最好的？一个显然的答案是：在这个次社群中（除开其他事情之外），所有的学习者会根据各个人的能力而互相帮助学习。当然，在此就不排除某些人会现身为教师的角色。这意思只是说：教师可不一定会成为一个专卖者，而学习者们也有能力相互成为'支架'（scaffold）。这个反论所要表明的乃是：'传递'模型总是首先圈定、继而夸张了他们所要传递的'题材'。但是在任何能使人专精的学习材料上，我们也同时要学习者获得良好的判断，成为能够靠自己，又能够和别人合作无间的人。而这样的能力可不是在单向的'传递'王国里可以开花结果的。我们所知的学校体制实际上可能正在阻挡一个学习者次社群的建立，妨碍了他们形成相互协助的关系……

　　"让我们来试想一下一个更为'相互性'的社群会是什么模样。很典型的情形是：它的模型是实做和实知的方法，提供机会让人争相仿效，提供不断的评论，给新手提供适当的'支架'，甚至提供良好的脉络来促发有意的教导。它甚至会形成一种像有效的工作团队那样能和实际工作相联的分工形式：有些人会暂时充当他人的'内存'，或是记录整理者，可以告诉人家说'事情至今发展至何等地步'，或是当做鼓励者，或是警告者，等等。对这个社群里的人来说，要点只在于如何互相帮助而能画好工作的蓝图、得到工作的窍门……

　　"来自文化心理学取向对于教育最激进的建议之一乃是：教师应被重新理解为这种相互学习者的次社群之所在，而教师则像是这个过程里的乐团指挥，请注意, 和传统批评者不同之处, 在于这样的次社群并不意图削减教师的角色, 也不低估他的'权威性', 而是要教师增加一种鼓励他人来参与分享此权威的功能。正如在当代小说中, 全知观点的叙事者已经消失了一样, 全知的教师也将从未来的教室中消失……

"文化心理学对于教育的互动论和交互主体论主张, 显然并没有一套单纯的程序可资利用……其中的整个立意是很清楚的: 当我们在乎的是人时, 学习(或其它事情也一样)乃是互动的历程, 人在其中就是相互学习, 而不是只靠展示和告知来习得任何事物。当然就是因为人类文化本质如此之故, 才会形成这样的相互学习社群……"[1]

以建构论为基础的文化心理学认为, 自我是在一定的文化环境中通过关系而建构的, 也就是说, 自我概念不仅是在具体的关系中构建的, 也是宏观环境的产物, 是通过文化、语言和环境之间的互动而建构出来的, 并不存在单个人的自我, 自我总是存在于互动关系之中。

"对于外化的主张(the externalization tenet)。这是一位法国的文化心理学者伊尼亚斯·迈耶松(Ignace Meyerson)所首倡的观念, 而在他过世后四分之一个世纪的今天看来, 其中洋溢着教育上显要的涵义。扼要来说, 他的意思是: 所有的集体文化活动之主要功能, 就在于生产'作品'(oeuvres)——而他说的作品, 乃是能够自成一物的存在者……

"把这些联合产制之物'外化'而成为一种作品, 此其效益乃是长期被忽视的事情。被忽视的事情有哪些? 首先最显著的是: 集体作品产生并维持了群

---

[1]　布鲁纳教育文化观[M].北京:首都师范大学出版社, 2011.120—122.

体的团结感。作品协助生成了一个社群，而相互学习者的社群之所为则全都不外乎此……

"作品和正在进展中的工作可以创造分享的和可商量的群体思维方式。法国的所谓年鉴学派的历史学家曾受到迈耶松观念的强烈影响，他们就把这种可分享、可商量的思维形式称为mentalite（心态），也就是生活在各个环境的、不同时代的、不同群体的各种思维风格……

"学校里的教室和法律的传统形成方式自是不可同日而语。但是，教室却可产生长远的影响。我们带在身上的一些思维习惯和品味，乃是由某些早已记不得的老师们在教室里促成的……

"我们可以把学校和教室设计成如此促进传统的发明吗？丹麦正在实验把小学各年级的学生和老师们维持在同一班里——这个想法可以回溯到斯坦纳（Steiner）。这样的转向是否能使得他们通过共同生活的'工作'而形塑出他们自己的'作品'来？现代社会的流动性当然是这类抱负的天敌。然而，用共同分享的工作来创制和保存文化，乃是值得好好想想的一件事……

"简而言之，外化对于认知活动的援助乃是使之免于隐含，使之更为公开、更可协议以及更具团结的性质。与此同时，它又使得后继的反思和后设认知更可企及。也许外化的历史上最巨大的一块里程碑就是文字识能，它把思想和记忆转到泥版或草纸上，让它离开人身而变成'外在于那里'，计算机和电子邮件也许代表向前的另一大步，毫无疑问的是，联合协议的思想还有千千万万的方式，可以通过社群而外化成作品——其中的许多方式都可转变而为学校所

用……" [1]

　　既然在布鲁纳眼中，既不存在完全脱离社会的孤立个人，也不存在超脱于一切文化背景的个人，这样的文化心理学的认识决定了在学校中，也并不存在脱离具体学习过程的科学，也并不存在超越一切文化背景的学习过程。因此在关于外化的主张中，布鲁纳详细阐述了其在《教育文化》的序言中的观点，即建立互助型的学习共同体的基本主张。因为关于外化的主张中，布鲁纳论述了教室文化对于学习者认知活动的作用，并认为通过教室文化中的"作品"的产生，学习者可以在其中"维持了群体的团结"并"创造分享的和可商量的群体思维方式"。正如布鲁纳在《教育文化》的序言中所提及的"相互学习的文化"（mutual learning cultures）提及的那样，"教室文化的形式，最终就是为大文化脉络如何能聚焦于教育实境之中，并以最佳、最鲜活的方式运作，而提供了模型。知识和想法是能够相辅相成的，能够相互支持而达成学习材料的精熟，能够做分工和交换，也能在团队合作的活动中反映出新的机会。而那就是关于'文化之最佳状态'的一种可能的版本。"

　　在中国的新课程改革的过程中，也转变了传统的教学观念，认为教学过程是师生交往，积极互动、共同发展的过程。这就要求在课堂中，从构建师生互动交流平台出发，要强调教师更多地采取"非结构""开放式"的方式，积极倡导师生形成交互性的"学习共同体"。学习共同体的建立，要求教师把富有创造性的思维拿到课堂上展示给学生，师生互动合作，创造布鲁纳所说的"作品"，外化给学生，建立动态生成的课堂、教学和师生关系。合作的"作品"可以体现：

---

[1]　布鲁纳教育文化观[M].北京:首都师范大学出版社, 2011.122—125.

以知识为文本的基础上, 所有人共同参与, 彼此产生交互影响; 师生之间彼此交流经验和知识, 取得心灵沟通; 求得新的发现, 生成新的知识, 从而达到共识、共享和共进。

"对于工具论的主张(the instrumentalism tenet)。教育, 无论是在哪一个文化里实施, 对于其中的接受者而言, 总是会造成其往后生涯中的后果。此事无人不晓, 也无人怀疑。我们也知道: 这些后果对于个体来说都带有工具性; 甚至还知道: 在比较不直接属于个人的层次上, 这些后果的所谓工具性乃是对文化以及其中的种种体制而言的(后者将在下一主张中讨论)。教育, 无论它看起来是(或刻意营造成)多么天然, 或多么矫饰, 它总是为人提供技能, 提供思考、情感、言谈的方法, 到后来, 在一个社会之体制化'市场'里, 这些东西就会换来用作人与人的'区别'之物。依此深义而言, 则教育永远不会中立无偏: 永远不会没有社会和经济的后果。无论怎样去做相反的辩护, 在这个广义上来说, 教育就永远带有政治性……

"在考察这些硬邦邦的事实之时, 另有两个广泛的考虑不可遗漏。其中之一是关于天赋; 另一则是关于机会……

"关于天赋, 我们现在的了解是: 很显然地, 它具有多面向的性质, 不是任何单一的分数(譬如IQ测验)所能表示。我们不只会以许多方法来使用心灵, 会以许多方法来获知和建构意义, 而心灵也会在不同的情况下表现各种不同的功能……

"有些人在使用心灵的某些力量及其支持的载录系统上, 会有较高的性向（aptitude，译按：此词意指能力倾向），而其他人则较少。霍华德·加德纳（Howard Gardner）把这些性向中的某几类予以明示出来（他管这些性向的组合叫作‘心灵的框架’[frames of mind]），并且认为它们具有先天和普同的基础——譬如处理数量关系的能力，或分辨精细语意的能力，或是在舞蹈中巧妙运动身体的能力，或察觉他人情感的能力，等等……

　　“在区分先天性向的议题之外，也应注意另一个事实：不同文化会对于不同的思维模式和载录方式给予不同的强调。并不是每一个人都应精于做数量计算……

　　“不同的文化对于这些技能都各有其区分之道。法文里甚至有这么一个词，是指一个人受训练后的能力之‘形状’，字面上的翻译，就叫‘专业的畸形’。这样的意思很快就会‘类型化’，并且在通过训练和学校教育而固定成形：女孩子们被认为是对诗文比较‘敏感’，所以比较会得到机会去体验诗文，然后她们果然常会变得比较敏感。这个例子说明了一个文化的想法会影响年轻人在技能和思维方式发展上的机会，而这些机会后来就被他们用来在大社会中兑换地位和待遇……

　　“机会还有很多丑恶的特质，会对生命造成深刻的戕害。种族歧视，社会阶级的身份以及偏见等都会被他们所制造出来的贫穷状态所放大，并且对于教育的质量和方式造成重大的影响。确实，甚至儿童的天赋都会带有‘社会色彩’，而在他们入学之前就遭受改变——譬如有些小孩生在黑人区、拉丁区以及其他贫穷、绝望和反社会的小区里，他们在其中‘成长’，却先得使他们的心灵压抑和转向。确实，我们必须要针对贫穷以及种族歧视来展开对抗的行动，这也就是为什么会有'开端方案'的产生。但是，学校本身已经是坐落在当地的社会脉络里，所以它倾向于维持或延续贫穷和反社会的次文化，使得其中的儿童仍然得不到发展原有天赋的机会。

"学校对于所要栽培的心灵之用法一向具有高度的选择性——它们总要区分哪些用法才是'基本'，而哪些是'点缀'；哪些是学校的责任区，而哪些是别人的责任；哪些适合男孩，而哪些适合女孩；哪些是给工人阶级，而哪些专给'名流人士'。这些选择性的安排无疑是根据一套成见：社会究竟需要什么以及个人要如何才能在其中安身立命。这些想法大部分是来自民间舆论或社会阶级传统。即使是晚近看来相当显然无疑的教育目标——要为学生装配有'基本识能'（basic literacy）的前提——也只是奠基于道德政治的传统，不论该传统有多少'实际有用'的想法来作为它的地基。学校的课程和教室里的'气氛'总是反映着不必明说的文化价值和明白说出的教案，而这些价值则离不开和社会阶级、性别以及社会特权等的干系……

"在这一层次的准教育问题上打转的冲突和妥协，比起任何其他事物更能表现出一个文化的问题。

"这'地下课程'于是继续扩大到了草木皆兵的地步——一所学校如何承接一套课程，就表现了它对于学生、对于种族等方面的态度。而在社区的政治反应环绕之下，政治口号在决定教育政策方面，就变得和（讨论如何培养多元心灵的）教育理论至少一样重要。

　　"在文化心理学上有一种教育主张是说：学校文化上的立场不可能是中立的。学校教些什么，它实际上对学生是在栽培些什么思维模式、什么'言说载录'方式，这一切都和学校让学生置身在生活脉络以及文化脉络之中的方式不可分割。因为一所学校的课程并不只是关于'教材'而已。学校最主要的教材，如果从文化的观点来看，乃是学校本身。学生所体验的就是如此，而它也决定了它所生成的意义是为何物。

　　"这就是我所谓的学校和学校学习的'置身性'（situatedness）。然而，无论这个现象可以渗透得多深，从思考和意志两方面来说，它无疑仍是个可以改变的现象。改变的发生甚至可以通过一点点象征性的革新——好比为一所贫民区的学校创立一个棋艺社，并且选派一位真正有本事的教练去教他们……不过，只靠一些象征性的作为，并不一定能碰触到真正的大问题。

　　"当然有个普通的问题值得提出：教育不可能单独站立，也不能通过设计而使它看起来好像可以独立的样子。教育是存在于文化之中的。而文化，不管其他方面如何，至少都和权力、身份区隔以及酬赏体制有关。我们曾经为了保护思想和教学的自由而通过官方运作来防止学校受到政治的压力。学校乃是在政治'之上'。从某种重要的意义来说，这当然是真的——但却是一件破旧的真理大衣。渐渐地，我们看见的东西有了些不同。因为，秘密已经不是秘密。街上的任何张三李四都知道，在我们这个后工业的科技时代，人的心灵有些什么装备，那都是兹事体大。社会大众对此一定都有些无形的认知——媒体一定也知道如此，但他们只是开始觉察到一些而已……

　　"那么，为什么不能以教育的方式来看待教育？它不就一直是那么'政治'的吗？只是在过去的时代比较潜隐罢了。现在，公众的意识已经起了革命，但是我们在教育上却没有伴随的革命来承担这种意识，好使得教育政策和教育实践能获得该有的烨炼。说了以上的种种，不是在提议说，我们应该把教育'政治化'，而只是要大家承认，教育本来已经是政治的，而它的政治面，最后总是要能够更加清晰地纳入我们对教育的说明，而不只要把这种兴趣指认为'群众的抗争'……"[1]

　　在关于工具的主张中，布鲁纳提到了一个对我国基础教育改革具有奠基作用的理论——霍华德·加德纳的多元智能理论。多元智能理论是由美国哈佛大学教育研究院的心理发展学家霍华德·加德纳（Howard Gardner）在1983年提出。加德纳从研究脑部受创伤的病人发觉到他们在学习能力上的差异，从而提出本理论。传统上，学校一直只强调学生在逻辑—数学和语文（主要是读和写）两方面的发展。但这并不是人类智能的全部。不同的人会有不同的智能组合，在《智力的结构》一书中，他提出个体身上存在着相对独立的、与特定的认知领域或知识范畴相联系的八种智力，分别是①语言（Verbal/Linguistic）、②逻辑（Logical/Mathematical）、③空间（Visual/Spatial）、④肢体运作（Bodily/Kinesthetic）、⑤音乐（Musical/Rhythmic）、⑥人际（Inter-personal/Social）、⑦内省（Intra-personal/Introspective）、⑧自然探索（Naturalist，加德纳在1995年补充）、⑨生存智慧（Existential Intelligence，加德纳后来又补充）等，而加德纳特别强调我们以往的智力测量没能说明学生的全部素养。加德纳的多元智能

[1]　布鲁纳教育文化观[M].北京:首都师范大学出版社, 2011.125-130.

理论彻底地挑战了传统智力理论，他的基本理念与我国基础教育改革的宗旨不谋而合，一方面加德纳把智力定位为当前素质教育所强调的实践能力与创造能力，为我国的基础教育改革提供了一个理论上的新支点；另一方面，加德纳认为智力观应该是与时俱进和因地制宜的，根据多元智能理论，每个人都有其独特的智力结构和学习方法，所以，对每个学生都采取同样的教材和教法是不合理的。多元智能理论为教师们提供了一个积极乐观的学生观，即每个学生都有闪光点和可取之处，教师应从多方面去了解学生的特长，并相应地采取适合其特点的有效方法，使其特长得到充分的发挥。

前文说到，布鲁纳受到了列维·斯特劳斯和布迪厄的影响，在这里我们可以看出布鲁纳在布迪厄的影响下，注意到了学校的政治性。学校并不是一座孤岛，是脱离政治的存在，而教育本身就是政治化的。教育作为一种文化的存在，和权力、身份区隔以及酬赏体制相关，学校通过知识再生产、身份的再生产以及阶层复制，使学校的的文化资本与社会身份和阶层地位联系起来。布迪厄曾经在《国家精英——名牌大学与群体精神》和《继承人——大学生与文化》两本书中都论述了教育的身份区隔的作用。布迪厄对布鲁纳的影响在"对于体制"和"身份认同"两部分都可以看到。

"对于体制的主张（the institutional tenet）。我的第七个主张是：当教育在已发展的世界里成为体制之后，它的作为就像是个文化体制，而且也得承受所有的文化体制所共有的难题。但它和其他体制的不同之处，乃在于它的特殊角色是要让年轻人在此获得准备，以便能进入其他文化体制去扮演积极角色……

"文化不只是把一群人所共享共用的语言和历史传统集合起来，就可以成其事。文化是由各种体制所构成。只有通过这些体制，人才能扮演具体而确定的角色，也才能知道这些角色所对应的地位或声望。当然我们也可以说，文化的整体也是通过体制而表现它所特有的生活方式。我们还可以把文化理解为一种细致的交换系统，而其交换媒介则可以有各种形式，包括声望、财货、忠贞和服务，等等，交换体制在提供居室、薪资、头衔等具体报偿的体制中而得以聚焦并合法化。进一步的合法化则是通过一套繁复的象征装置，譬如神话、法规、前例、讲话和思维的方式，乃至制服的穿着等。体制将它的'意志'通过强制手段而强加于人，虽然手段有时可以相当含蓄，譬如利用诱因与反诱因，有时则外显到动用国家权力来达成限制，譬如取消某人的律师资格，在扣除一个不履行义务的行商之积点配额……

"体制就是在执行一个文化里的严肃事务。不过这整套事务乃是将强制和志愿做不可预测的组合而成。我说'不可预测'，是因为，强制的权力是何时以及如何赋予那些办事者或特权人去执行的，对于文化的参与者或对于站在'外头'的观察者而言，好像永远都无法说清……

"如同皮埃尔·布迪厄（Pierre Bourdieu）所说的，体制对人提供的乃是一个'市场'，人在其中所'买卖'的，就是他们所习得的技能、知识以及建构'身份区隔'与特权之意义的方式。各体制之间经常竞争的是要获得胜过其他体制的'身份区隔'，但这场竞争却不允许'赢者全赢'，因为各体制之间还是相互依存的……

"这些种种乍看之下都和学校以及教育历程相距甚远，但这种距离却是一场错觉。教育本来就是汲汲营营于追求身份区隔的。我们常用的初级、中级、高级等字眼就是这种区隔的隐喻……

"这就是前文提到的体制竞争所表现的'奋斗'，而它们常会转化为习见的政治形式。我已经说过，就在那里出现了教育上的'意识演化'。现在让我把话说得更明白些。今日的民主社会里总会出现一些文化批评者，把教育的问题带到公众的眼前，有时会使问题变得非常鲜明：在拉丁美洲有保罗·弗莱雷（Paulo Freire），在法国有皮埃尔·布迪厄，在美国有尼尔·波兹曼（Neil Postman），在英国有A·H·霍尔希（A.H.Halsey）……

"教育的后果实在太严重，也影响到太多的选民，所以不应该只留给教育专业者去决定。而我确信大多数思考周密的教育专业者们都会同意我的说法。所以，为了让智慧的判断、平衡的观点以及广泛的社会投入能出现在美国的教育景观里，我们必须把'最好的和最明智的'以及最能公开投入的人士延揽到形成另类政策和制定另类办法的机构里来。我知道这档事并不简单，可是，想想我们曾经做过同样事，就是形成一个特殊任务编组，或是一个董事会，而其成员就是我们喜欢说的——从'各行各业'里找出来的。这样的编组可以采取很多不同的形式，但它唯一的要求就是：其成员必须有心灵敏锐的令誉，或是以其公正无私而闻名，或是真正能做公开的投入……

"无论用哪种办法，我提供这些建议的精神就是要呼吁大家认识：教育不是个悠然自在的体制，不是一座孤岛，而是整个大陆板块的一部分……" [1]

---

[1] 布鲁纳教育文化观[M].北京:首都师范大学出版社,2011.130-136.

"对于身份认同与自视的主张(the tenet of identity and self—esteem)。我把这一主张放在这份清单接近最后的一条,因为这个主张具有极广泛的含义,几乎和上列各项主张都脱不了关系。人类经验之中最为普同的一项或许是'自我'的现象。而我们也知道,教育乃是此一现象的重要成因。教育的任何措施都必须对此念兹在兹……

"我们之所以知道'自我'是由于自己的内在体验,而我们也能将他人视为一个个自我。有好几位重要的学者都曾论道:自我意识的必要条件乃是能将他者(the other)辨认之为他们的自我……

"既然学校教育是一个人在家庭生活之外最早投入的社会体制,无怪乎它会在形塑自我的历程中扮演关键角色。但我想,如果我们能先来检视自性里的两个普同面向,那么,我们一定能对此更为清楚……

"第一个面向就是行事权(agency)的性质,大多数接触此论题的学生都相信,自性乃源生于一种感觉,就是一个人可以自行发动以及执行自身的活动……

"行事的概念不只意味着发动的能力,也意味着能完成自身的行动,所以它的意思就是指技能或办理的知识。自我的发展所需的主要养料就是成功和失败。然而所谓成功和失败,我们本身并不是最后仲裁者,而经常是要靠'外部'标准,也就是各文化所特有者,来下定义。而学校就是儿童们首度遭逢这些标准的地方——经常像是没缘没由地降临在他们身上。学校判定儿童的表现,于是儿童们的反应就是反过来评价他们自身……

　　"这就把我们带到自性的第二特质：评价。我们不只会体验到自身的行事身份，也会为我们所期望完成或被别人所交办的事务之效能而做出评价。自我乃渐渐将这些评价融入己身。我把这种行事效能和自我评价的混合物称为'自尊'。它结合了我们对自己的信念，再加上对自己之所不能及者的恐惧……

　　"学校对于儿童的自尊常常处理得很粗糙，这早已不是什么秘密，而我们也开始了解儿童们在这方面是多么脆弱。当然，从理想上说，学校要提供的环境应该是比'真实世界'里对于自尊的威胁要少得多，并且其设计的旨趣还应该是鼓励学习者把事情'试着做出来'。然而激进的批评家，譬如傅瑞雷，就常辩说：学校经常把失败派分给一些学生，就像将来在大社会里，他们也就是那群会被'剥削'的对象。连一些比较温和的批评家，譬如罗兰·巴特（Roland Barthes）和布迪厄，也把学校说成主要是此业务的包商：产制出'小法国男人和小法国女人'，好让他们能一个萝卜一个坑地进入他们将来的利基位置……

　　"显然地，还有其他的'市场'可以让学童们用来把技能'买卖'成社会区隔（容我再套用布迪厄那个有趣的字眼）。而这些'市场'常可用来弥补学校中可感的失败——譬如'小混混'的身份就可以在市场上用来维持'买卖'而变成小罪犯，或像对主流社会的暴力反击就可以在黑人青少年同侪中赢得尊敬。学校正和其他无数的'反学校'在竞争着为学子们提供行事权、认同感和自尊，而其程度比我们所知者还多得多——这是说，和市郊中产阶级聚集的购物中心竞争，以及和黑人聚居的贫民区街头竞争……

　　"任何教育系统、教育理论，或国家大计，要是小看了学校如何培育学生自尊的这件事, 那它的基本功能就定然不彰……

"更肯定地说, 如果行事和自尊这两者都是自我这个概念的核心构成要素, 那么, 我们对学校的一般作为就必须重行检视, 看看它对于人的个己自性之中的这两个要素究竟有什么贡献。当然, 上文提到的'学习者社群'的做法, 对于两者都会有贡献的。但是, 同样, 如果能在学校活动的种种面向中, 赋予学生更多设定目标和达成目标的责任, 那样对于自性的培养也会有贡献——这里说的是学校里的每一样事情, 从各种设备的维护, 到参与决定学业活动、课外活动的计划在内……" [1]

布鲁纳在这部分论述了文化体制与教育的关系, 他认为文化体制影响了教育的发展, 同时教育在通过人的社会化过程来培养文化体制所需的积极角色, 换句布迪厄的话来说, 教育通过区隔完成了文化的再生产。布迪厄在其著作《再生产》中详细地推演了文化再生产的理论逻辑。在传统社会中, 社会的阶层复制主要依赖家庭的积累财富, 但是今天的社会基层地位的确定, 则是间接地通过学校教育实行, 借由教育制度来维持和传递制度的合法性, 也就是说通过不仅仅限于经济资本的各种资本的竞争, 让社会再生产借由教育来掩藏于各种关系之中。

教育对于受教育者的"身份认同"起着重要的作用, 因为受教育者所处的教育场域, 涉及各类资本的竞技。不同家庭背景出身的受教育者, 其自身所拥有的社会资本与文化资本的类型不同和数量的多寡决定着其在学校场域内的成败。教育通过布鲁纳所说的"行使权"与"评价"两种方式, 使得中上阶层的学

---

[1] 布鲁纳教育文化观[M].北京:首都师范大学出版社, 2011.136—140.

生因为熟悉学校文化的形式，更容易表现出基础的学业表现；劳工阶层背景的学生，在学校里经历多次挫败之后，确定无法在教育场域获得成功的机会的时候，就会在身份认定上将自己排除于教育场域外，认为自己本来就不适合读书，让自身脱离了教育体制之外。

在此布鲁纳也提到了一些激进主义教育学者的反思，即在承认教育受到文化体制影响的同时，反思学校场域的文化准则，是否只认同了某种智力形式和某种资本形态的有效性。因此，辨识教育中的资本形式、文化标准与特定逻辑是非常重要的。

总之，布鲁纳明显地受到了布迪厄文化再生产观点的影响，认为教育提供了社会所需要的技能、知识以及建构"身份区隔"与特权之意义的方式，关键问题是教育还将其不平等的竞争包装成了公平竞争的结果，通过"文凭的办法、考试的筛选和职业性向的选择，将社会再生产在教育阶段通过文化资本的传递，在当事者不知不觉地情况下就完成了"。在此基础上，布鲁纳再次强调了自己的教育文化论，即"教育不是个悠然自在的体制，不是一座孤岛，而是整个大陆板块的一部分……"

"对于叙事法的主张(the narrative tenet)，最后我终于跳进学校教学'科目'和课程的问题，俾能处理更一般性的事情：什么样的思维和情感模式能有益于儿童之创立一个对于世界之版本，在其中(心理上)他们能为自己构思一个位置——也就是创立一个属于个人的世界。我相信，说故事，亦即叙事的能力，正是在此之所需……

"在观点上，我至今仍坚信我在较早时期所作的那本关于教学科目与题材的论著：对于一位学习者，最重要的是，我们应让他获得一种感觉，知道学问训练的创生性结构何在；应该为他安排螺旋型发展的课程；学习一门科目应鼓励他的自我创生性的发现，等等。我现在要再提出的议题，是直接关于成长中的儿童如何从学校经验中创造出意义，使之和他们所生活于其中的文化发生关联。所以我这就把话题转到：叙事作为一种思维模式以及作为一种意义生成的承载工具……

"我应该首先从一些基本的地方开始说。人类要组织和管理他们对于世界的知识，显然有两条广泛的途径，即使是当下体验也是这样结构起来的：第一条途径是处理物理性的'东西'，第二条则是处理人和处境。这就是通常所谓的逻辑——科学思维和叙事思维……

"在过去的习惯上，大多数学校都把各种叙事艺术——歌谣、戏曲、故事、剧场等——当作是比较'装饰'而不是必要的东西，是可以为休闲活动锦上添花，或仅仅是作为道德示范之用的东西。虽然如此，但我们却总是把我们的文化源头和我们所一向追求的信念都用故事的形式予以框架起来，而这些故事之所以能让我们心动，那就不只是它们的'内容'而已，而是在叙事时所用的巧思妙意。我们的直接体验，也就是昨天或前天发生的事情，也是被同样地框在故事形式里。更惊人的是，当我们要（向我们自己或向他人）再现我们的一生之时，我们也都会用叙事的形式……

"要使一个文化凝聚起来，叙事之重要性也许就像它能结构一个人的生涯一样大……

"很显然地，假若我们要把叙事变成心灵的意义生成工具，那么，我们就需要为此而做些事——阅读它、创作它、分析它、讨论它、理解它的技艺、感觉它的用法等。对于这些该做的事，我们今天对它的理解已经比上一代多得多……

"所有这些都不是有意思要用来贬低逻辑—科学思维。它的价值在我们这个高度科技化的文化中几乎已经变得太含蓄，以致在学校课程中直如家常便饭般不引人注意。虽然它的教学还有更进一步精进的可能，但在20世纪50、60年代的课程改革运动后，它的进步着实是惊人的。对于当今在学校里的许多年轻人来说，'科学'已变得几乎等同于'不人道''不关心'和'令人困惑'——即令有许多理科和数学教师以及他们所组成的协会都付出了真正一流的努力。确实，科学作为一种人类和文化的事业，如果也能拿来作为人类克服旧观念的历史来理解，则它本身的形象一定可以改善不少……

"一个教育系统必须使文化中的成长者在该文化中寻得一套认同。如果没有的话，那些成长者就会在追寻意义的途中绊跌。人类只能在叙事的模式中建构认同，并在文化中找到它的位置。学校必须栽植这种模式，好好培育它，不要再把它视为家常便饭而不加理睬。有很多研究计划正在进行中，不只在文学领域，也有历史和社会研究等领域的加入，都是由于之前在这些领域中已有些很有意思的开端之故……

"教育本来就是有风险的，因为它本来就一直在为可能性的意识而供输着燃料。如果不能为心灵装配起一些技能，使之能在文化世界里进行理解、感觉和行动的技能，那就不只是在教育上该拿零分而已。它还直接制造了异化、反抗和实际上无能的风险。而所有这些都会侵蚀文化的成长力……

"教育这档事不只是管理良好的信息处理技术，甚至也不只是把'学习理论'好好运用到教室里，或运用以科目为中心的'成就测验'结果。教育是一套复杂的寻索，它企图把一个文化让其中的成员能穿戴得合身，也让各成员和他们的想法能结合于文化的需要……"[1]

叙事法可是人类文化的一大成就——早在科学诞生之前，人类就一直在讲故事，也靠着讲故事来传递文化生活的种种理解，包括神话、历史、法律和哲学，无不如此。

布鲁纳在《教育过程》这本书中，曾建立了"螺旋式课程"这一概念，并被我们今天的课程建设者普遍采用。比如说我们对物理知识的学习，从初中开始一直到大学，在三个学段里至少要经历三次的轮回，逐渐加深对物理本质的认识和理解。所有的课程都是如此，从课程的开端、过渡到完全掌握一个概念，其中最重要的一项工作，就是把那些概念具体转化成故事或者叙事的形式。叙事就是论述，而论述的根本法则就是其中的道理。故事中所重述的事件是从故事的整体中取得意义，但故事的整体又是由其各个部分来搭建的。

知识是在自然界中本来存在的，还是存在于智者的心灵之中？看来应该是后者。所谓知道某件事情，其实就是去走一趟冒险的旅程，而走法就是尽可能用简明扼要的方式去说明你所遭遇的许多事物，这就是叙事。如果自己不纵身其中做一个学习者，就很难说你知道了某件事情。通过置身在地的经历，可以使

[1] 布鲁纳教育文化观[M].北京:首都师范大学出版社，2011.141—145.

自己获得一种特殊的知识——实践的知识，或者说是行动的知识。在人心理发展的过程中，最先发展的就是行动中的知识，然后再逐渐生出替代行动的知识模式，最后生出符号性的替代，而完全可供作理论之用。

有一位科学家说：学习，"少一些就是多一些。"这句话本身就带有很强烈的叙事味道，告诉我们可以从其最少之处得到最多的东西。这种不言自明的道理根植于每一个好课程、每一个好教案和每一次好的教学相长的经验之中。

我们大部分的生活都发生在以叙事的规则和设计而建构的世界中。但我们在教育上，花费最多的时间是培养学生的理性精神，叙事很少被看重。这是否值得我们反思？

综上所述，布鲁纳在晚年将自己的立场定位为"文化主义"，并将批判的对象定位为早年流行的认知革命的弊端，即"计算主义"。布鲁纳认为，原本在教育过程中的认知基础应该是认知主义，而认知主义应该是一个视野宽阔的运动，充满对人性与意义的关怀。但是后来的认知主义发生了分化，并有一部分演变成为"计算主义"，并导致认知主义的教育观存在着严重的不足，比如没有意识到学校仅仅是教育的多种存在方式之一，教育研究者往往是就学校研究学校，从而将学校变成了一个孤岛。学校脱离文化的发展，抽象地、孤立地考虑教育，将教育简化成学校，再将学校化简为课程，接着将课程化简为个体处理信息的能力，最后将一切化简为教学的技术细节。依照一种认知主义简化的教育观，教育改革关注的问题就是课程、教学标准、测试考核等技术性的细节，而忽视了对于一些更重要问题的反思，诸如：教育应该培养什么样的人？在一个急速变迁的时代,教育在培养适应时代发展的个体中,应该发挥一个什么样的作用?教师是否应当以及如何能够对不同天赋、不同阶层的人都一视同仁?教师是否应该对教育的社会后果负责?如果教育改革者不关心和反思这些问题,教育必然会脱离实际,教育改革也往往达不到预期效果。

因此,布鲁纳在20世纪90年代,在第二次认知革命和一些社会学家、人类学家的影响下,将教育观转向了文化主义,认为学校是教育的一条途径,而教育则是文化的一个功能,因此,要认识教育和学校的本质,必须将视野放在整个文化体系的范围内,而不是仅仅局限于学校内部,只有这样,才能对学校做出适切的定位,也只有这样,才能发挥教育对于文化的重要作用。